Elke Endraß

Bonhoeffer und seine Richter

Elke Endraß

Bonhoeffer und seine Richter

Ein Prozess und sein Nachspiel

Kreuz

»Das Geheimnis der Freiheit ist der Mut.«

Perikles

Inhalt

Ohne Erinnerung keine Versöhnung

Am 4. Februar 2006 feiern wir den 100. Geburtstag Dietrich Bonhoeffers. Er ist aus der evangelischen und katholischen Kirche nicht mehr wegzudenken, und das, obwohl seine theologischen Ansichten für viele heute nicht mehr so einfach nachvollziehbar sind. Kein anderer deutscher Theologe des 20. Jahrhunderts hat in der allgemeinen Öffentlichkeit einen solchen Bekanntheitsgrad erreicht wie Dietrich Bonhoeffer. Viele Schulen und Kirchengemeinden tragen seinen Namen, und es gibt sogar eine »Internationale Bonhoeffer Gesellschaft«.

Dietrich Bonhoeffer gehörte zum engsten Kreis der Widerstandskämpfer um Admiral Canaris. Die über ihn zu Gericht saßen, waren Walter Huppenkothen und Otto Thorbeck. Der erste fungierte als Bonhoeffers »Ankläger«, der zweite als »Richter«. Dafür wurde ihnen selbst im Nachkriegsdeutschland der Prozess gemacht – mit erstaunlichem Ausgang. Denn das Urteil des Bundesgerichtshofs von 1956 lässt den Verdacht aufkommen, dass Dietrich Bonhoeffer posthum auch von den fünf Richtern des BGH verurteilt wurde.

Ohne Erinnerung keine Versöhnung

20. Juli 2005. Das Navigationssystem dirigiert mich durch abgelegene Ortschaften. Eine lange, einsame Waldstrecke führt in vielen Windungen nach Flossenbürg. Otto Thorbeck nahm damals einen anderen Weg. Der Richter, der Dietrich Bonhoeffer zum Tod verurteilte, fuhr mit dem Güterzug von Nürnberg nach Weiden. Anschließend – so kann man in vielen Darstellungen lesen – sei er die restlichen 20 Kilometer nach Flossenbürg geradelt. Ein beeindruckendes Symbol: Der pflichtbewusste, übereifrige Richter, der keine Mühe scheut, um über die Män-

ner des Widerstands das Todesurteil zu verhängen. Mehr als 60 Jahre ist das her. Die Zeit heilt alle Wunden, heißt es. Ein Sprichwort, das so nicht stimmt – wie auch die Legende mit dem Fahrrad.

Aus dem Urteil des Augsburger Schwurgerichts geht hervor, dass Otto Thorbeck von Weiden mit einer Munitionskolonne nach Schwarzenfeld weiterfuhr, dort übernachtete und am nächsten Morgen mit einem Auto abgeholt und nach Flossenbürg gebracht wurde. Was ihn dort erwartete, wusste er zu diesem Zeitpunkt noch nicht. Das macht Otto Thorbeck nicht besser und seine Schuld nicht geringer. Doch so unbedeutend das Detail mit dem Fahrrad auch sein mag, es zeigt, wie gerne wir Unrichtigkeiten übernehmen, solange sie in das Bild passen, das wir uns von einer Person gemacht haben.

Dieses Buch bemüht sich um eine sachliche Darstellung des Prozesses. Sie basiert auf der Durchsicht zahlreicher Gerichtsurteile sowie auf Interviews mit Justizhistorikern, die sich ausgiebig mit diesem Fall beschäftigt haben. Es geht hierbei nicht um eine – im übertragenen Sinn – neuerliche Verurteilung Huppenkothens und Thorbecks. Es geht aber auch nicht darum, ihr unrechtmäßiges Handeln zu beschönigen oder gar zu entschuldigen. Vielmehr geht es um die Frage, warum die einen zu willfährigen Handlangern eines Unrechtregimes werden, andere hingegen zu Widerstandskämpfern. Darüber hinaus soll deutlich gemacht werden, auf welch wackligem Fundament das Rechtssystem der neu gegründeten Bundesrepublik Deutschland stand. Mich interessierte auch, wie die Kinder Otto Thorbecks mit der Schuld ihres Vaters fertig werden. Und am Ende des Buches möge sich jeder ehrlich fragen, wo er denn selbst gestanden hätte – damals: Auf der Seite der Täter oder auf der Seite jener, die den Mut zum Widerstand aufbrachten?

Ohne Erinnerung keine Versöhnung

Flossenbürg. Es hätte keinen trostloseren Ort, aber auch keinen strategisch günstigeren für das KZ geben können: Hitler plante den Einmarsch in die Tschechoslowakei. Durch die grenznahe Lage war das Konzentrationslager hervorragend geeignet für die Aufnahme von Häftlingen aus dem Nachbarland.

Flossenbürg war aber auch für seine reichen Granitvorkommen bekannt. Die Häftlinge wurden daher überwiegend zur Zwangsarbeit in den Steinbrüchen des SS-eigenen Erd- und Steinwerks eingesetzt. Die Granitblöcke dienten u.a. für nationalsozialistische Monumentalbauten, beispielsweise für das Reichsparteitagsgelände in Nürnberg. In eisiger Winterkälte mussten die Gefangenen mit bloßen Händen und primitivem Werkzeug auf Felsen einschlagen und Granitblöcke befördern. Viele starben bei diesen mörderischen Arbeitskommandos, ganz im Sinn Himmlers, der die Devise »Vernichtung durch Arbeit« ausgegeben hatte. Nach Ausbruch des Krieges wurden die Häftlinge überwiegend im Rüstungsbetrieb der Firma Messerschmitt eingesetzt, der in Flossenbürg errichtet worden war. In Flossenbürg fanden aber auch gezielte Tötungsaktionen statt. Vor allem sowjetische Kriegsgefangene wurden nach Hitlers »Kommissarsbefehl« massenweise ermordet.

Ohne Erinnerung keine Versöhnung

Es regnet. Von Böhmen weht ein kalter, schneidender Wind. Vor dem lang gestreckten Kommandanturgebäude tummeln sich viele Schülerinnen und Schüler. Noch albern sie herum. 20. Juli. Heute vor 61 Jahren scheiterte Stauffenbergs Putschversuch auf Hitler. Wenige Monate später bestätigte der Zossener Aktenfund, dass auch Bonhoeffer zum Kreis der Widerständler gehörte.

Der Lärm der Baumaschinen, die für den Ausbau der Gedenkstätte aufgefahren sind, kann nicht darüber hinwegtäuschen, dass hier ein Ort der Stille ist, der Totenstille. Viel ist vom ursprünglichen Konzentrationslager nicht mehr erhalten. Nach dem Krieg hatten wir es eilig, die Spuren unserer unseligen Vergangenheit zu beseitigen. Dort, wo die Häftlingsbaracken standen, errichtete man Siedlungshäuser mit Blick auf die ehemalige Hinrichtungsstätte. Sie befand sich im Hof des Arrestbaus und war von hohen Mauern umgeben. Beide sind nur noch teilweise erhalten. Hier verbrachte Dietrich Bonhoeffer seine letzten Stunden. Ursprünglich bestand der Arrestbau aus 40 Einzelzellen. Heute befindet sich darin eine Dauerausstellung. Zwei der Zellen wurden rekonstruiert. Für etwa fünf Minuten bin ich allein in dem Gebäude. Ich betrete eine Zelle, in der nur das Gerüst eines Bettes steht, und schließe die hölzerne Tür hinter mir. Durch den schmalen Fensterschacht an der gegenüberliegenden Wand fällt nur wenig Licht. Ein beklemmendes Gefühl. Für einen Moment kommt es mir vor, als fielen Vergangenheit und Zukunft zusammen. Meine Schritte hallen auf dem Boden – drei kleine Schritte in der Breite, sechs kleine Schritte in der Länge kann ich machen. Mehr nicht. Die Zelle ist etwa 2 x 3 m groß. Ich versuche mir vorzustellen, was Dietrich Bonhoeffer in seinen letzten Stunden wohl gedacht, vielleicht sogar auch geschrieben haben mag. Doch viel Zeit zum Überlegen bleibt mir nicht, dann füllt sich der Raum wieder mit neuen Besuchern.

Ich trete in den Hof und habe das Bedürfnis, tief durchzuatmen. Trotzdem – ein Gefühl der Freiheit will sich nicht recht einstellen, zu bedrückend ist die Atmosphäre, zu erschütternd die Vorstellung, dass hier viele Hinrichtungen stattfanden. Ich mache mich auf den Weg durch das »Tal des Todes«, steige die Stufen hinab zum Krematorium und stehe erschüttert vor dem rußgeschwärzten

Ofen. Hier wurden massenweise jene Menschen verbrannt, die durch Hinrichtungen oder auf andere Weise ums Leben gekommen waren. Auch hier bin ich wieder für wenige Minuten allein. Im benachbarten Sezierraum mit dem steinernen Tisch verbreitet sich eine gespenstische Stimmung. Ich zwinge mich, sie auszuhalten. Allein ist dies ungleich schwerer als in der Gruppe. Von den Schülerinnen und Schülern, die kurz nach mir eintreten, witzelt nun niemand mehr. Die Betroffenheit steht ihnen ins Gesicht geschrieben.

Immer wieder hatte ich in der Vergangenheit Gründe gefunden, die KZ-Gedenkstätte Flossenbürg nicht besuchen zu müssen. Ich hatte es aufgeschoben, bis es unaufschiebbar war. Die intensive Beschäftigung mit Dietrich Bonhoeffer und jenen, die ihn verurteilten, machte es notwendig, auch jenen Ort zu besichtigen, an dem er den Tod fand.

Ohne Erinnerung keine Versöhnung.

Elke Endraß

1. Leben lernen

Der Mensch braucht ein Ziel. Er muss wissen, wofür er lernt und sich abmüht, wie er sein Leben gestalten will. Diesen Lebensentwurf muss er selbst schreiben. Auch für Bonhoeffer war es selbstverständlich, sein Leben zu planen. Doch er erlebte wie viele seiner Generation, dass das Gerüst seines Lebens in sich zusammenfiel wie ein Kartenhaus. All seine Pläne wurden über Nacht zunichte gemacht. Unter den politischen Verhältnissen und angesichts der wachsenden Unsicherheit war es zeitweise sogar unmöglich, den kommenden Tag zu organisieren. Bonhoeffer selbst empfand sein Leben als Fragment und doch – so äußerte er sich einmal – hätte er in keiner anderen Zeit leben wollen. Er wusste, dass er eine Aufgabe zu erfüllen hatte, auch wenn er sich nicht von Anfang an darüber im Klaren war, wie schwer sie sein würde. Er lebte bewusst – und es war *sein* Leben.

Wer sich für Dietrich Bonhoeffers Leben interessiert, sei auf die zahlreichen Biografien verwiesen, die in den vergangenen Jahren erschienen sind. Die ausführlichste ist nach wie vor jene, die sein Freund Eberhard Bethge geschrieben hat. Im Folgenden soll sein Leben nur insoweit skizziert werden, als es für das Verständnis seines Widerstands notwendig ist; eines Widerstands, der letztlich zum Prozess in Flossenbürg und damit zur Begegnung mit den beiden Männern führte, die über seinen Tod entschieden – Walter Huppenkothen und Dr. Otto Thorbeck.

Kein Heiliger, sondern ein ganz normaler Junge

Dietrich Bonhoeffer kam nicht als Heiliger auf die Welt. Er war ein ganz normaler Junge, der sich gern mit anderen prügelte, auch wenn die ersten Fotos ein anderes Bild von ihm vermitteln. Mit seinen langen blonden Haaren und den weichen Gesichtszügen wirkte er eher wie ein Mädchen. Er war das sechste von insgesamt acht Kindern. Zusammen mit ihm erblickte auch seine Zwillingsschwester Sabine am 4. Februar 1906 das Licht der Welt. Die Geschwister und die Eltern blieben für Dietrich bis in die Studentenzeit die wichtigsten Bezugspersonen und vermittelten ihm Geborgenheit. In der Heimatstadt Breslau verlebte er eine ausgesprochen glückliche Kindheit. Die Mutter hatte das Lehramtsexamen, was damals für eine Frau eine Seltenheit war. Sie unterrichtete ihre Kinder in den ersten Schuljahren selbst, was ihr offensichtlich gut gelang. Dietrichs Leistungen zeugten von überdurchschnittlicher Begabung; sein Bruder Karl-Friedrich wurde später ein berühmter Physiker; Klaus, der den Widerstand gegen Hitler ebenfalls mit dem Leben büßen musste, entschied sich für die juristische Laufbahn. Auch die Schwestern Dietrichs erhielten eine gründliche Ausbildung und durften einen Beruf nach ihren Fähigkeiten wählen. Ursula wurde Sozialpädagogin, Christine Biologin, während sich Dietrichs Zwillingsschwester mehr im künstlerischen Bereich zu Hause fühlte.

> 1907 wird Walter Huppenkothen geboren. Er ist das einzige Kind einer Werkmeisterfamilie. Er besucht das Realgymnasium in Opladen und studiert danach Rechts- und Staatswissenschaft in Köln.

Die Kirche spielte im Hause Bonhoeffer eine untergeordnete Rolle. Dietrichs Vater, der ein angesehener Professor für Psychiatrie und Neurologie war, stand ihr äußerst skeptisch gegenüber. Und obwohl die Mutter eine Pfarrerstochter war und sich sogar kurzzeitig der Herrnhuter Brüdergemeinde angeschlossen hatte, hielt sie nichts von pietistischer Frömmelei. Die Familie Bonhoeffer besuchte nicht einmal an hohen Feiertagen den Gottesdienst. Trotzdem wurden die Kinder konfirmiert. Kirche – nein, christliche Erziehung – ja. Auf diese kurze Formel lässt sich die Einstellung der Bonhoeffers bringen. Die Mutter erzählte den Kindern biblische Geschichten; es wurden Choräle gesungen und viel gebetet, doch es hatte alles den Charakter des Natürlichen und Ungezwungenen. Den Eltern war es wichtig, die Kinder zu gegenseitiger Rücksichtnahme anzuhalten und zu verantwortungsbewussten Menschen zu erziehen. Eigenständiges Denken wurde gefördert, was damals durchaus nichts Selbstverständliches war. Aus der Sicht jener Zeit waren die Bonhoeffers sehr liberal. Frühzeitig wurde den Kindern beigebracht, dass sie nicht zu allem ja und Amen sagen, sondern dass sie sich gegen Ungerechtigkeiten wehren sollten, auch wenn es andere betraf.

1912 – die Zwillinge waren sechs Jahre alt – zog die Familie nach Berlin. Der Vater war einem Ruf an das Universitätskrankenhaus der Charité gefolgt. Für Dietrich und Sabine brachte der Umzug viel Neues mit sich. Sie mussten sich nicht nur an eine andere Umgebung gewöhnen, sondern auch an den geregelten Unterricht in einer ganz normalen Schule. Die Familie bewohnte eine schöne Villa im Stadtteil Grunewald. Erst später zogen die Bonhoeffers in die Marienburger Allee 43 nach Charlottenburg, wo sich heute die Gedenk- und Begegnungsstätte befindet. Im Grunewald waren die Professoren unter sich: Adolf von Harnack, Max Planck, Hans Delbrück, um nur einige zu nennen. Die Eltern pflegten das gesellschaftliche Zusammensein und sorgten dafür, dass die Kinder wie selbstverständlich in die akademische Welt hineinwuchsen. Man war stolz darauf, dem Großbürgertum anzugehören, das Forschung und Wissenschaft, aber auch zunehmend Industrie und Politik beherrschte. Der Adel wurde milde belächelt, obwohl auch Dietrichs Mutter eine geborene von Hase war. Die Aristokratie gehörte einer längst vergangenen Epoche an. Dietrich wuchs in einer eigenen Welt auf, behütet und abgeschottet von den proletarischen Elendsvierteln in den Hinterhöfen Berlins. Er war sich seiner privilegierten Geburt bewusst und vertraute seiner Schwester im Gespräch an, dass er gerne einmal die Sicherheit des Elternhauses gegen die Ungeborgenheit eintauschen würde, nur um andere besser verstehen zu können.[1]

26.08.1912: Otto Thorbeck kommt im niederschlesischen Brieg in einer preußischen Offiziersfamilie zur Welt. Ehrgeiz, Drill, Disziplin stehen an erster Stelle und – Haltung bewahren. Mit einem Lineal im Rücken lernt Otto, gerade und aufrecht zu gehen.

Die Schulzeit bereitete Dieterich Bonhoeffer keine großen Probleme. Er lernte gern und leicht. *»Wenn er konzentriert schrieb«*, erinnerte sich sein Freund Eberhard Bethge, *»schaffte er in drei Stunden, wozu wir drei Wochen gebrauchten.«* Diese Fähigkeit zeigte sich bei Bonhoeffer schon sehr früh. Viele beneideten ihn darum. So lässt sich auch die ungeheure Produktivität erklären, die Bonhoeffer an den Tag legte. Als er 39-jährig starb, hinterließ er ein umfangreiches Werk, das heute noch beeindruckt. Oft arbeitete er an mehreren Dingen gleichzeitig. Vieles blieb Fragment, und es waren nicht nur Predigten und theologische Abhandlungen, denen er sich widmete. Dietrich, der sich schon als Schüler für anspruchsvolle Literatur interessierte, schrieb auch selbst Schöngeistiges. Es waren nicht nur Gedichte; noch im Tegeler Gefängnis entwarf er ein Drama, in dem er das Proletarierproblem aufgriff. Beeindruckend sind auch seine Selbstzeugnisse, die er in ein belletristisches Gewand kleidete. Oft schrieb er seine Erlebnisse nicht in der Ich-Form, sondern in der dritten Person nieder. Möglicherweise half ihm das, mehr Distanz zu sich selbst und zu den Geschehnissen zu bekommen. Auf diese Weise verarbeitete er rückblickend auch jene Begebenheit, in die er als Abiturient geriet, als er von einem Lehrer nach seinem Berufswunsch gefragt wurde.[2]

Die ausführliche Schilderung dieses Erlebnisses – nachzulesen im elften Band der Werkausgabe – lässt keinen Zweifel daran, dass sich Dietrich Bonhoeffer seiner Fehler und Schwächen durchaus bewusst war. Er betrachtete sich selbst äußerst kritisch und schonungslos offen. Von »Eitelkeit« ist da die Rede, gegen die er tapfer anzukämpfen versuchte. Auch ein gewisses elitäres Denken, nämlich in den Augen Gottes etwas Besonderes zu sein, war ihm offenbar nicht fremd. Das verleitete ihn mitunter zu der Annahme, »die anderen« nicht unbedingt zu brauchen, weil Gott allein genug sei. Er fühlte sich von Gott berufen, und er war stolz auf diese Berufung. Demnach wusste er schon mit vierzehn Jahren, dass er Theologie studieren wollte. Doch manchmal überkam ihn die Angst zu versagen; er wusste nicht, ob er es schaffen würde, den selbst gewählten Weg bis zum Ende durchzuhalten. Mit seiner Entscheidung für den geistlichen Beruf hatte er sich von allen anderen isoliert, von seinen Klassenkameraden, aber auch von seiner Familie. Die Begeisterung, mit der er von Gott oder auch von seinen Zukunftsplänen redete, stieß oft auf Unverständnis. In solchen Momenten begann er, innerlich zu beten. Schon sehr früh war sich Bonhoeffer der ständigen Gegenwart Gottes in seinem Leben bewusst. Er rechnete mit ihm in jeder Situation. Gott wurde für ihn zu einem Verbündeten, der ihm die Kraft gab, gegen den Strom zu schwimmen. Das selbstbewusste Auftreten, das später viele an ihm so bewunderten, war im Grunde nichts anderes als ein außergewöhnlich starkes Gottvertrauen.

Disziplin – im Beruf und als Christ

Keine Frage – Dietrich Bonhoeffer war ein Begnadeter, eine Ausnahmeerscheinung, die bis heute ihresgleichen sucht. Die Intensität, mit der er lebte, übertrug sich auch auf seine Arbeit und seinen Glauben. Die persönliche Gottesbeziehung fernab aller schwülstigen Frömmelei ist ungewöhnlich für Kinder, die aus einem Elternhaus kommen, in dem die Religiosität eine eher untergeordnete Rolle spielt. Die Faszination Bonhoeffers liegt – und auch das zeigt die zitierte Geschichte – in seiner absoluten Integrität, in seinem Entschluss, einen einmal eingeschlagenen Weg bis zum Ende zu gehen. Seine Haltung war nicht nur konsequent, sondern radikal. Diese Radikalität des Glaubens war die Grundvoraussetzung für seinen Widerstand gegen Hitler, die ihn sogar bis in den Tod führte. Der Kirche, seiner Kirche war er später zu radikal. Wo andere Kompromisse eingingen, blieb er sich treu.

Was ihn bewogen hatte, sich so früh für die Theologie zu entscheiden – dazu hat sich Dietrich Bonhoeffer nie ausdrücklich geäußert. Die Geschichte bestätigt, dass er sich bereits als Kind dazu entschloss. Es war wie ein innerer Ruf, dem er folgte, obgleich er innerhalb der Familie damit auf Unverständnis stieß. Aber er ließ sich nicht beirren. Auch der frühe Tod seines Bruders Walter – er fiel im Ersten Weltkrieg – mag dazu beigetragen haben, dass er sich schon früh mit dem Sinn des Lebens und dem Tod auseinander setzte. Die Bibel des geliebten Bruders begleitete ihn sein Leben lang. Er benutzte sie für seine persönliche Andacht und für die Predigt.

Vielleicht handelte er bei der Wahl seines Berufes aber auch unbewusst aus dem Wunsch heraus, gegen den Strom schwimmen zu wollen. Er wollte anders leben, als man es von ihm erwartete. »Man« – das waren die Eltern, die Geschwister, die Freunde, die Verwandten. Der Vater hatte gehofft, er werde wie die anderen Söhne eine naturwissenschaftliche Richtung einschlagen. Sogar eine Pianistenlaufbahn wäre ihm für den musikalischen Sohn passender erschienen als ein Theologendasein. Seiner Meinung nach verschwendete Dietrich sein Talent an eine kleinbürgerliche, antiquierte Institution, die sich Kirche nannte. Im Hause Bonhoeffer war man nüchtern und realitätsbezogen. Das Jetzt war wichtig, nicht so sehr das zukünftige Jenseits. *»Du gehst eben den Weg des geringsten Widerstandes!«*, warfen die älteren Brüder ihm vor. Wie sehr sie sich irrten, ahnten sie zu diesem Zeitpunkt noch nicht.

Otto Thorbecks Vater, ein Bataillonskommandeur, wird in das Kriegsministerium nach Berlin versetzt. Die Mutter und die fünf Kinder folgen ihm. Otto Thorbeck besucht die dreiklassige Vorschule und tritt danach in das Kant-Gymnasium in Berlin-Spandau ein.

So eng Dietrichs Kontakt zu seinen Geschwistern auch war: manches deutet darauf hin, dass er ein Außenseiter blieb, der sich mitunter auch einsam fühlte. Der Ehrgeiz, selbst etwas zu leisten, indem er den anderen überlegen war, mag ebenfalls eine nicht unbedeutende Rolle gespielt haben. Hätte er sich ebenfalls für die Naturwissenschaft entschieden, hätte er sich stets an den Geschwistern messen lassen müssen. Dem wich er durch seine Entscheidung – bewusst oder unbewusst – aus. Die Familie akzeptierte Dietrichs Entschluss, nachdem er denn nun einmal gefasst war, und fand sich auch damit ab, dass Dietrich plötzlich nicht mehr alles mitmachte, was ihm früher noch selbstverständlich erschienen war. Als er im März 1921 seinen Bruder Klaus zu einem Hausfest begleiten sollte, lehnte er ab. Als Grund dafür gab er an, die Passionszeit habe begonnen. Auf seine Freunde machte dies großen Eindruck; in der Familie ließ man ihn gewähren. Dabei war Dietrich weltlichen Freuden durchaus nicht abgeneigt. Seine Mitstudenten schilderten ihn später als temperamentvoll und stets zu Scherzen aufgelegt. Er liebte geselliges Beisammensein, spielte und rauchte leidenschaftlich gern.

Dietrich Bonhoeffer schaffte es durch unglaubliche Disziplin, seine Ausbildung in kürzester Zeit zu absolvieren. Er redete schnell, er bewegte sich schnell – und er arbeitete schnell. Nach dem Abitur, das er mit Bravour bestand, schrieb er sich unverzüglich in Tübingen zum Theologiestudium ein. Seine Doktorarbeit bewältigte er – scheinbar ohne größere Mühe – während der letzten Semester nebenher. Er hatte es eilig. Es scheint, als habe er gespürt, dass ihm für die Erledigung seiner Aufgaben nicht viel Zeit bleiben würde. Er war 21 Jahre alt, und das Thema seiner Dissertation lautete »Sanctorum Communio« (Gemeinschaft der Heiligen). Schon darin wird Bonhoeffers zentrales Motiv deutlich: Kirche ist Christus. Sie ist Leib Christi. Sie ist von Gott zur Solidarität mit der Welt beauftragt. Schon darin wird Bonhoeffers zentrales Motiv deutlich: Kirche ist Christus. Sie ist Leib Christi. Sie ist von Gott zur Solidarität mit der Welt beauftragt. In seiner »Ethik« führte Bonhoeffer diesen Gedanken noch weiter aus. Christus hat einen Anspruch darauf, als der absolute Herrscher anerkannt zu werden. Es kann nicht sein, ihn zu isolieren und hinter dicken Mauern einzusperren, wo man ab und zu ein beschauliches Stündchen bei Kerzenschein mit ihm verbringt. Vielmehr müsse Kirche im Alltag konkret werden, so Bonhoeffer.[3]

Damit trat er entschieden der Zwei-Reiche-Lehre entgegen, einem Denkmodell, das jahrhundertelang in der Theologie vorherrschte: Hier Kirche, da die Welt. Falsch, meinte Bonhoeffer. Der Glaube ist in der Gegenwart gefragt. Gott offenbart sich in der Welt, und nur durch die Welt kommt der gläubige Mensch zu Gott. Gott ist Mitte und Grund der Welt. Einen »Jenseits-Gott« lehnte Bonhoeffer ab. Ja, er ging sogar noch weiter: In seinen Briefen, die er aus dem Gefängnis schrieb, entwarf er in Ansätzen das Modell eines religionslosen Glaubens, eines Glaubens, der so mündig ist, dass er es nicht nötig hat, sich institutionalisieren zu lassen. Kirche mache nur Sinn, *»wenn sie für andere da ist«*.

Die Kirche, so wie er sie verstand, entdeckte Bonhoeffer während eines Studiensemesters in Rom. Dort erlebte er den Katholizismus als echte, faszinierende Gemeinschaft der Glaubenden, die ihrem inneren Gefühl eine sichtbare Gestalt geben. Das war kein Vergleich mit der evangelischen Provinzgemeinde in seiner preußischen Heimat. Die Pracht und die Feierlichkeit, die vielen Menschen verschiedenster Hautfarbe ließen den sinnlichen Bonhoeffer nie mehr los. In der Folgezeit setzte er sich engagiert für die Ökumene ein.

Dreh- und Angelpunkt des Bonhoeffer'schen Denkens war Jesus Christus. Er hielt ihn für die Grundlage christlicher Existenz, aus der ethisches, verantwortliches Handeln erwächst. Wer diesen Mittelpunkt verlässt, verwischt oder im täglichen Leben vernachlässigt, der – so Bonhoeffers Überzeugung – gibt sein Christsein auf. Christsein aber zeigt sich im Beten und im konkreten Handeln, ansonsten verkommt es zum bloßen Selbstzweck. Theologie bedeutete für ihn denn auch: Gott betend denken. Wie sich Gottes Gerechtigkeit im Hier und Jetzt verwirklichen lässt, das hatte Bonhoeffer während seines Stipendiums in Amerika gelernt. Dort begegnete er erstmals dem »Social Gospel«, einem Evangelium, das die sozialen und politischen Aspekte einschloss.

Als Begründer der Social-Gospel-Bewegung gelten Washington Gladden, Josiah Strong und Richard T. Ely. Publik gemacht hat sie jedoch Walter Rauschenbusch, ein Deutsch-Amerikaner aus Rochester. Bei seiner Geburt im Jahr 1861 war der amerikanische Bürgerkrieg gerade ein halbes Jahr alt. Amerika mutierte vom Agrar- zum Wirtschaftsstaat. Das war mit einer Umstrukturierung der Gesellschaft und mit einem nicht zu unterschätzenden Wertewandel verbunden. Der bis dahin verbindliche Glaube an Gott, die Freiheit des Einzelnen und das Sendungsbewusstsein Amerikas wichen plötzlich dem Dreigestirn Reichtum, Organisation und Konkurrenz. Auf diesen Wandel waren die amerikanischen Kirchen nicht vorbereitet.

Rauschenbusch war Pfarrer einer Baptistengemeinde im ärmsten Hafenviertel von New York. Diese Zeit prägte sein ganzes weiteres Denken und Leben. Die Armut und das unglaubliche Elend der Großstadt New York ließen ihn nicht mehr los. Als Antwort auf seine intensive Auseinandersetzung mit der sozialen Frage schrieb er sein berühmtes Werk: »Christianity and the Social Order«. Beeinflusst wurde er dabei von Henry George, dem Verfasser von »Progress und Poverty«, der den Zusammenhang von wirtschaftlichem Fortschritt und steigender Armut bewiesen hatte. Rauschenbusch suchte nach Mitteln und Wegen, um in New York der wachsenden Verelendung und Kriminalität Einhalt zu gebieten. Die Heilsarmee in London gab ihm wertvolle Impulse für die soziale Arbeit in den Kirchen. 1907 leitete er durch die Proklamation eines »Social Gospel« in der Zeit der schweren Wirtschaftsdepression eine Wende in der amerikanischen Theologie ein. Man könnte sagen: Rauschenbusch schuf ein soziales Gewissen, das sich für die Krisen im Land empfänglich zeigte. Er sorgte für ein neues, positives Verhältnis zum Sozialismus und machte die karitative und soziale Arbeit zum zentralen Anliegen der Kirche, die sich ihrer gesellschaftlichen Verantwortung nicht entziehen darf. Als Bonhoeffer mit dem »Social Gospel« in Kontakt kam, war Rauschenbusch schon zwölf Jahre tot. Aber seine Lehre war aktueller denn je.

Bonhoeffer zeigte sich von seinem Aufenthalt am *Union Theological Seminary* zunächst enttäuscht. Seine Versuche, den Seminaristen Paulus, Kierkegaard oder Barth näher zu bringen, scheiterten kläglich. *»Eine richtige Theologie gibt es hier nicht!«*, schrieb er enttäuscht, ja sogar entsetzt nach Hause. In der Tat: Für Dogmatik und Religionsphilosophie interessierte man sich am *Union* kaum. Hier hatte man andere Probleme: Rassentrennung, soziale Ungerechtigkeit, Kriminalität. Schließlich grenzt das berühmte *Union* direkt an den Bezirk Harlem. Bonhoeffer sah sich unmittelbar mit dem Leben der Schwarzen konfrontiert. Erst allmählich begriff er, dass er es mit einer neuen, ihm bisher unbekannten Theologie zu tun hatte, die sich mit der Frage beschäftigte, wie christlicher Glaube und soziales Handeln miteinander zu verbinden seien. Ein farbiger Mitstudent führte ihn in die Welt der Schwarzen ein: Er zeigte ihm die Slums und nahm ihn zu den unkonventionellen Gottesdiensten mit, in denen gesungen, gebetet und geklatscht wurde. Bonhoeffer engagierte sich in einer Baptistengemeinde; er hielt dort die »Sonntagsschule« und die Bibelstunden. Beschämt erkannte er, wie ernsthaft die Schwarzen die Bibel in ihr Leben integrierten. So, wie Bonhoeffer in Rom zur Kirche kam, so sagte er über die Zeit in New York: *»Ich kam zum ersten Mal zur Bibel…«*

Vor diesem Hintergrund wird deutlich, warum Bonhoeffer in seinen Predigerseminaren so viel Wert auf das Gebet und die Bibelmeditation legte. Sie war für ihn das A und O ganzheitlicher Christusnachfolge. *»Das erste Wort muss bei uns Christus haben«*, trichterte er seinen Schülern ein. *»Wenn ihr morgens aufgestanden seid, dann müsst ihr schweigen.«* Er selbst las täglich die Bibel in der

Gewissheit, dass durch sie Gott unmittelbar zu ihm redete. Darum betonte er immer wieder: »*Was Gott mir heute sagen will, ist entscheidend.*« Glauben verwirklichen in der Gegenwart, mitten im Alltag und dafür auch feste Zeiten einzuräumen – das war Bonhoeffer wichtig. Hören auf die Bibel und es dann auch *tun* – dazu versuchte er seine Schüler immer und immer wieder zu ermuntern. Hierin war er Karl Barth nicht unähnlich. Der reformierte Querdenker aus der Schweiz hatte Bonhoeffer stark beeindruckt. Gott ruft aus der Unverbindlichkeit in die absolute Verbindlichkeit: Das war das Fundament, auf dem sich Bonhoeffers Überzeugung bis zu seinem Tod in Flossenbürg gründete.

Die Zeit, die Bonhoeffer in Amerika verbracht hatte, hinterließ bleibende Eindrücke in seinem Leben. Sein schwarzer Freund hatte ihn dort auch mit pazifistischen Ideen vertraut gemacht. Zum ersten Mal war ihm bewusst geworden, dass die Bergpredigt als konkrete Handlungsanweisung gelesen werden kann. »Selig sind die Friedfertigen ...«

Wann die Bergpredigt ein Umdenken bei Bonhoeffer bewirkte, ob bereits in Amerika oder erst später in Deutschland, ist ungewiss. Sicher ist nur, dass es einen bestimmten Zeitpunkt gab, an dem Bonhoeffers Denken eine Wende nahm, und diese Wende hing eng mit der Bergpredigt zusammen. Sie wurde zur programmatischen Grundlage seines Lebens und seines Widerstandes. 1936 gestand er einer Freundin in einem Brief, dass er bislang nur aus Selbstsucht und übertriebenem Ehrgeiz heraus gearbeitet habe. Darunter hatte er gelitten wie auch unter der Einsamkeit, die sich mehr und mehr in seinem Leben breit gemacht hatte. Erst die Bibel und insbesondere die Bergpredigt habe ihn daraus »befreit«. Bonhoeffer war erschreckend bewusst geworden, dass fromme Reden und kirchliches Engagement noch lange keinen Christen ausmachen. Mit einem Mal erschien ihm nun auch der Pazifismus als das Selbstverständlichste der Welt.[4]

In bestimmten christlichen Kreisen wird dieses Selbstzeugnis Bonhoeffers gerne als »Bekehrung« gedeutet. Bonhoeffer selbst verwendete diesen Begriff nie. Die Folgen, die die Bergpredigt für sein Leben hatte, waren unübersehbar. Als Theologe – davon war Bonhoeffer überzeugt – hatte er eine besondere Verantwortung. Seine Arbeit musste mit anderen Maßstäben gemessen werden. Machtstreben, Geld, Ansehen, Ehre – all das, was in anderen Berufen eine große Rolle spielte, durfte nicht zur Triebfeder seines Handelns werden. Er hatte einen Auftrag, und der lautete: Diener Jesu Christi zu sein, und damit stand er zugleich im Dienst der Kirche. Seit 1933 setzte Bonhoeffer alles daran, die Kirche und den Pfarrerstand zu erneuern. Nicht einen Augenblick zweifelte er an seiner Berufung.

Bonhoeffer war 25 Jahre alt, als er nach Deutschland zurückkehrte. Bereits vor seinem Amerikaaufenthalt hatte er eine Vikariatsausbildung in Barcelona absolviert und sich anschließend habilitiert – wie gewohnt im Eilzugtempo. So standen ihm sowohl die akademische als auch die kirchliche Laufbahn offen.

Zunächst versuchte er, beides unter einen Hut zu bringen. Er war Dozent, Pfarrer und engagierte sich darüber hinaus noch als Jugendsekretär in der »World Alliance«, einer ökumenischen Bewegung. Die vielen Aufgaben müssen ihn zeitweise an den Rand seiner Kräfte gebracht haben, zumal er gerade als Pfarrer keinen leichten Stand für den Anfang hatte. Ihm wurde eine völlig verwilderte Konfirmandengruppe im Arbeiterviertel von Berlin-Wedding zugewiesen – für Bonhoeffer eine Herausforderung, die er hervorragend meisterte. Binnen kurzem erwarb er sich das Vertrauen der Kinder, die erstaunt darüber waren, dass hier ein Pfarrer war, der nicht nur stures »Katechismuslernen« von ihnen verlangte.

Auch als Dozent beschritt Bonhoeffer neue Wege. Er verblüffte seine Studenten, indem er plötzlich im Hörsaal betete. Er sprach über den Pazifismus, was bei seinen Kollegen auf Unwillen stieß. Immerhin sympathisierten schon viele mit dem Nationalsozialismus. Unter den Studenten bekundeten immer mehr ihre politische Gesinnung – und das auch rein äußerlich, indem sie braune Uniformen trugen oder ihre Zugehörigkeit zur Burschenschaft zur Schau stellten. Bonhoeffer und die Schar seiner Studenten wirkten da wie exotische Außenseiter.

An dem Tag, als Dietrich Bonhoeffer seine Jugendlichen konfirmierte – am 13. März 1932 –, wurde der Reichstag gewählt. Hitler kandidierte zum ersten Mal für das Amt des Reichspräsidenten und erhielt die Stimmen von elf Millionen Deutschen. Nicht einmal ein ganzes Jahr später hatte er es geschafft: Am 30. Januar 1933 war er an der Macht. Zwei Tage danach hielt Dietrich Bonhoeffer eine Rundfunkansprache, in der er vor dem Führer warnte. Die Übertragung wurde abgebrochen. Allerdings ist fraglich, ob dies tatsächlich aus zensorischen Gründen geschah, denn der Rundfunk war zu diesem Zeitpunkt noch nicht gleichgeschaltet. Bonhoeffer selbst erklärte sich den Vorfall damit, dass er die vereinbarte Zeit überschritten hatte. Immerhin konnte er seinen Vortrag danach noch in verschiedenen Printmedien veröffentlichen.

Nach dem Abitur plant Otto Thorbeck, die Offizierslaufbahn zu ergreifen. Das wird ihm jedoch aufgrund seiner starken Kurzsichtigkeit verwehrt. Er entschließt sich daher, Jura zu studieren, und immatrikuliert sich in Berlin und Göttingen. Als Angehöriger des Jungstahlhelm wird er 1933 in die SA überführt, tritt aber schon bald zur SS über.

Nachfolge konkret

Bonhoeffer veröffentlichte wenige Wochen nach der zensierten Rundfunkansprache seinen Aufsatz »Die Kirche vor der Judenfrage«. Auslöser waren die antijüdischen Kampagnen, die Hitler kurz nach seiner Amtsübernahme organisierte: der Boykott jüdischer Geschäfte und besonders die Einführung des »Arierparagraphen«, der jüdische Beamte ihrer Posten enthob. Die Kirche hüllte sich angesichts dieser Maßnahmen in vornehmes Schweigen. Bonhoeffer übte Kritik an der regimekonformen Kirche, wobei er drei Schwerpunkte setzte: Erstens müsse die Kirche den Staat fragen, ob das, was er tut, legitim sei. Zweitens müsse sich die Kirche auf die Seite der Opfer stellen, auch wenn diese nicht zur christlichen Gemeinde gehörten. Und drittens solle die Kirche, wenn der Staat Unrecht tut, nicht nur die Opfer unter dem Rad verbinden, sondern dem Rad selbst in die Speichen fallen. Bonhoeffer wusste, dies wäre politischer Widerstand, und er bestand lange darauf, dass nicht der Einzelne, sondern die Kirche für diese Entscheidung das Heft in die Hand nehmen solle.

Trotz dieser gewagten Publikation gab es Zeiten, in denen auch Bonhoeffer der Mut verließ. Als der jüdische Schwiegervater seiner Zwillingsschwester starb und er gebeten wurde, ihn zu beerdigen, lehnte er diese Bitte ab. Er hat diese Entscheidung später oft bereut.

Dietrich Bonhoeffer erkannte, dass die Zeichen eindeutig auf Krieg standen. 1934 versuchte er auf einer ökumenischen Konferenz, die Kirchen zum gemeinsamen Handeln zu bewegen – vergeblich. Stattdessen wurde er bald darauf in Deutschland als Pazifist und Staatsfeind denunziert.

Bereits 1933 hatte sich die evangelische Kirche in Deutschland gespalten. Die »Deutschen Christen« standen der NSDAP nahe. Nach Hitlers Machtergreifung gewannen sie Einfluss auf die Kirchenleitungen und versuchten, die Deutsche Evangelische Kirche in eine »Reichskirche« umzuwandeln. Hitler hatte als »Reichsbischof« Ludwig Müller ausersehen.

Dagegen protestierten Bonhoeffer und seine Freunde energisch. Bonhoeffer rief sogar zu einem Beerdigungsstreik der Pfarrer auf. Als die Kirchenwahl anstand, ließ er Flugblätter für die antinazistische Gegenbewegung »Evangelium und Kirche« drucken. Die Flugblätter wurden von der Gestapo beschlagnahmt; sie stellte Bonhoeffer die Deportation in ein Konzentrationslager in Aussicht, falls er noch einmal etwas gegen die »Deutschen Christen« sagen sollte. Bonhoeffer hatte sich umsonst bemüht. Die »Deutschen Christen« errangen einen grandiosen Sieg. Es kam zum Kirchenkampf, der die evangelischen Christen in drei Lager teilte: Auf der einen Seiten standen die »Deutschen Christen«, auf der anderen Seite jene, die es ablehnten, den christlichen Glauben mit nationalsozialistischen Ideen zu vermengen; dazwischen gab es noch die so genannten Neutralen, die sich aus diesen Auseinandersetzungen herauszuhalten versuchten.

Es dauerte nicht lange, da übernahm die preußische Landeskirche, die größte evangelische Kirche, den Arierparagraphen. Darin hieß es:

»Wer nicht arischer Abstammung oder mit einer Person nichtarischer Abstammung verheiratet ist, darf nicht als Geistlicher und Beamter der allgemeinen kirchlichen Verwaltung berufen werden. Geistliche und Beamte arischer Abstammung, die mit einer Person nicht arischer Abstammung die Ehe eingehen, sind zu entlassen.«

Bonhoeffer dachte ernsthaft darüber nach, aus der Kirche auszutreten, und riet auch seinen Amtskollegen dazu. Er erwog sogar die Gründung einer Freikirche. Als der Dahlemer Pfarrer Martin Niemöller den Pfarrer-Notbund ins Leben rief, gehörte Dietrich Bonhoeffer zu den Gründungsmitgliedern. Doch Niemöllers inkonsequente Haltung – vor allem in der Judenfrage – stießen bei Bonhoeffer auf Unverständnis. Dietrich Bonhoeffer zählte zu den radikalsten Vorkämpfern des Pfarrernotbundes, und er drängte darauf, dass die Kirche, die sich bislang zu indifferent zeigte, ein klares Bekenntnis zu Christus ablegte. Doch damit befand er sich zunehmend auf verlorenem Posten. Er brauchte Abstand. Zusammen mit seinem Freund Franz Hildebrandt ging er nach London. Anderthalb Jahre betreuten sie dort deutsche Gemeinden. An der Entwicklung im Heimatland nahmen sie jedoch weiterhin regen Anteil.

Im Mai 1934 kam es zur berühmten Bekenntnissynode von Barmen. Endlich sagte sich die Bekennende Kirche öffentlich von der hitlertreuen Mutterkirche los. In sechs Thesen verurteilte sie die Irrlehre der Deutschen Christen. Karl Barth hatte sie verfasst. Sie basierten auf der Vorlage des »Betheler Bekenntnisses«, das Bonhoeffer ein Jahr zuvor zusammen mit dem Erlanger Professor Hermann Sasse ausgearbeitet hatte, das aber dann auf Grund von inhaltlichen Auseinandersetzungen nicht zu Stande gekommen war. Auch Karl Barths Thesen wurden entschärft. So wurden die Juden gar nicht erwähnt. Schon hier zeigte sich, dass die Bekennende Kirche zutiefst unpolitisch war und es auch bleiben würde. Zu stark waren die Worte aus Römer 13,1 im deutschen Protestanten verwurzelt: *»Jedermann sei untertan der Obrigkeit …«* Politischer Widerstand war seit Jahrhunderten ein Tabu. Dennoch war Bonhoeffer froh, dass zumindest zum Teil erreicht war, wofür er so lange gekämpft hatte. Deshalb folgte er auch freudig dem Ruf der Bekennenden Kirche, die ihn mit der Leitung des Predigerseminars im pommerschen Finkenwalde betraute. Voller Elan stürzte er sich in die Arbeit. Hier lehrte er »Nachfolge«

und »Gemeinsames Leben«. Nach dem ersten Semester schrieb er:

»Der Sommer 1935 ist für mich (...) die beruflich und menschlich ausgefüllteste Zeit bisher gewesen.«[5]

Am 1.5.1933 wird Walter Huppenkothen vom Oberlandesgerichtspräsidenten in Düsseldorf aufgefordert, der NSDAP und gleichzeitig der Allgemeinen SS beizutreten.

Im Grunde lässt sich Bonhoeffers Leben und Theologie in nur einem Wort zusammenfassen – Nachfolge. Diesen Begriff verwendete er viel lieber als das Wort »Glauben«. Nachfolge ist mehr. *»Sie geht nicht nur durch Kopf und Herz, sondern fordert den ganzen Menschen«*, so der Bonhoeffer-Schüler Albrecht Schönherr. Sie setzt den unbedingten Gehorsam gegenüber Christus voraus. Bonhoeffers Nachfolgeverständnis hatte ein stabiles Fundament – die Bergpredigt. Und deshalb musste Nachfolge, so wie Bonhoeffer sie verstand, immer auch politisch sein.[6]

Bonhoeffer wehrte sich entschieden gegen den um sich greifenden Trend, das Christsein als bloße Ideologie verstehen zu wollen. Dieser Trend gipfelte in der Frage, die nach wie vor aktuell ist: Wozu brauchen wir überhaupt Christus? Reicht es denn nicht, nur an Gott zu glauben? Nein, es reicht nicht, betonte Bonhoeffer. Wenn der Christ meint, auf Jesus Christus verzichten zu können, verzichtet er auf die Mitte seines Glaubens. Ein solcher Mensch mag zwar dem christlichen Gedankengut viele ethisch wertvollen Grundsätze abgewinnen können, für die es sich zu leben, vielleicht sogar zu sterben lohnt, und doch bleibt dieser Glaube tot – eine Weltanschauung neben vielen anderen. Was den christlichen Glauben so einzigartig macht – so Bonhoeffers Überzeugung –, ist die Gewissheit, dass Jesus Christus das Bindeglied zwischen Gott und Mensch ist und dass er lebt. Nur das Vertrauen auf den Mensch gewordenen, gekreuzigten, auferstandenen und lebendigen Sohn Gottes macht Nachfolge erst möglich, ja fordert geradewegs dazu heraus.

Im Herbst 1935 wird Walter Huppenkothen – zunächst probeweise – zur Geheimen Staatspolizei übernommen. Ab März 1936 vertraute man ihm bereits einen Sonderauftrag der Geheimen Staatspolizei in Koblenz an.

Wer glaubt, flieht nicht!

Die Friedensbemühungen der Bekennenden Kirche gingen Bonhoeffer nicht weit genug. Er trug sich mit dem Gedanken, den Wehrdienst zu verweigern, wohl wissend, dass darauf die Todesstrafe stand. Leidenschaftlich predigte Bonhoeffer den Pazifismus. Dabei hatte er als junger Vikar in Barcelona noch ganz anders gedacht. In einem Vortrag zum Thema »Krieg und Frieden« sagte er damals: *»Gott ruft das Volk (…) zum Kampf und Sieg (…). Die Liebe zu meinem Volk wird den Mord, wird den Krieg heiligen (…).«*[7]

Das sagte er allerdings, bevor die Bergpredigt aus ihm einen anderen Menschen gemacht hatte. Drei Jahre später vertrat er vor einer Studentengruppe eine ganz andere Meinung:

»Dem Christen ist jeglicher Kriegsdienst (…) und jede Vorbereitung zum Krieg verboten.[8]

Jetzt also war er überzeugter Pazifist. Dietrich Bonhoeffer wusste, was dies bedeutete. 1936 wurde ihm die Lehrbefugnis an der Universität entzogen.

Als am 9. November 1938 die Synagogen brannten, warnte Bonhoeffer, mit den Juden vertreibe man auch Christus aus dem Abendland; schließlich sei Jesus auch Jude gewesen. Die Bekennende Kirche schwieg zu den

Pogromen, und Bonhoeffer schämte sich für seine Amtsbrüder. George Bell, dem Bischof von Chichester in England, vertraute er an, dass er sich mit dem Gedanken trug, Deutschland zu verlassen, weil er befürchtete, zum Wehrdienst einberufen zu werden.[9]

Dietrich Bonhoeffer wusste nicht, wie er sich entscheiden sollte. Das Schlimmste für ihn war der militärische Eid, den er schwören sollte, wenn er zum Wehrdienst verpflichtet würde. Von der »Bekennenden Kirche« konnte er bei seiner Suche nach Wegweisung keine Hilfe erwarten. Selbst unter seinen engsten Freunden gab es nur sehr wenige, die nachvollziehen konnten, dass er aus christlichen Gründen den Militärdienst ablehnte. Die meisten jedoch konnten nicht verstehen, wieso er sich in ernsten Gewissensnöten befand. Jahre zuvor hatte Bonhoeffer anlässlich einer ökumenischen Konferenz auf der dänischen Insel Fanö gepredigt, dass Christen, die zu den Waffen griffen, diese auf Christus selbst richteten. Sollte er sich selbst untreu werden? Am liebsten wäre er nach Indien aufgebrochen, um sich von seinem großen Vorbild, Mahatma Gandhi, im gewaltfreien Widerstand unterweisen zu lassen.

Bonhoeffer wusste: Würde er den Kriegsdienst verweigern, wäre dies sein Todesurteil. Er entzog sich seiner Musterung durch eine Vorlesungsreise in die USA. Freunde hatten ihn eingeladen, weil sie wussten, wie gefährdet er in Deutschland war. Doch anstatt die sicheren Verhältnisse zu genießen, wurde er immer unruhiger. Er machte sich große Vorwürfe, seine Heimat und seine Mitchristen im Stich gelassen zu haben. Er war geflohen. *»Ich werde kein Recht haben, an der Wiederherstellung des christlichen Lebens nach dem Kriege in Deutschland mitzuwirken, wenn ich nicht die Prüfungen dieser Zeit mit meinem Volk teile (…)«*, erklärte er seinen amerikanischen Gastgebern. Während er noch hin- und hergerissen war, ob er in

Amerika bleiben oder nach Deutschland zurückkehren sollte, traf ihn ein Wort aus dem »Herrnhuter Losungsbuch«: »*Wer glaubt, der flieht nicht*« (Jesaja 28,16). Bonhoeffer wusste: Dieses Wort galt ihm. Es gab den Ausschlag zur überstürzten Abreise nach Deutschland.

Vielleicht liegt gerade in dieser kompromisslos verstandenen Nachfolge die Erklärung dafür, warum Bonhoeffer bis heute mehr als alle anderen Widerstandskämpfer verehrt wird, warum selbst die junge Generation ihn zum Vorbild erhebt: weil er glaubwürdig war; weil er lebte, was er predigte; weil er vor der Verantwortung nicht zurückschreckte, die sich in letzter Konsequenz aus seinem Denken ergab. Er hätte es einfacher haben können. Amerika wäre für ihn ein sicherer Hort gewesen, doch die Würfel waren gefallen. Dietrich Bonhoeffer wusste, was er zu tun hatte und wo sein Platz war – in Deutschland. Ende Juli war er wieder in Berlin. Der Ausflug in die Freiheit hatte nur wenige Wochen gedauert.

Widerstand

Zurück in Deutschland, stellte sich die Frage der Kriegsdienstverweigerung überraschenderweise zunächst noch gar nicht, obwohl kurz nach Bonhoeffers Ankunft der Zweite Weltkrieg ausbrach. Die erstaunlich schnelle Kapitulation Frankreichs versetzte das Land in einen Siegestaumel. Bonhoeffer reiste im Auftrag des Bruderrats zusammen mit seinem Freund Eberhard Bethge als Visitator durch ostpreußische Gemeinden. Dort ertappte ihn die Gestapo, als er eine verbotene Bibelstunde vor Studenten abhielt. Bonhoeffer bekam Redeverbot wegen »volkszersetzender Tätigkeit«. Nun musste er sich regelmäßig im hinterpommerschen Schlawe melden, was ihm erhebliche Umstände bereitete. In dieser Situation traten Generalmajor Hans Oster und sein Schwager Hans von Dohnanyi an ihn heran und ließen ihn wissen, dass sie an seinen Reisen ins Grenzgebiet – und damit auch in die Nähe der Front – interessiert seien und dass sie seine nächste Fahrt nach Osten gegen unliebsame Einmischungen von außen abschirmen könnten. Bonhoeffer erhielt eine Unabkömmlichkeitserklärung. Damit war er nicht nur vor der pommerschen Staatspolizei sicher, es bedeutete auch, dass er nicht zum Militär einberufen werden konnte. Und noch eine weitere Konsequenz ergab sich daraus: Bonhoeffers Eintritt in den aktiven militärischen Widerstand.

Mit Beginn des Krieges meldete sich Otto Thorbeck freiwillig, obwohl er bis dahin nicht gedient hatte. Aufgrund seiner SS-Zugehörigkeit wurde er noch vor Weihnachten 1939 zu einem SS-Infanterieregiment eingezogen. Da er jedoch nur bedingt tauglich war, wurde er zunächst einem Sanitätsbataillon überwiesen. Es gelang ihm jedoch, sich zum Kommandoamt der Waffen-SS in München zu melden. Dort war er als Disziplinarsachbearbeiter tätig. 1940 wird Otto Thorbeck zum Gerichtsassessor ernannt und in den Justizdienst übernommen. 1941 ist er bereits Amtsgerichtsrat in Zempelburg. In den folgenden Jahren hält er sich im Kaukasus auf und aus Gründen seiner Dissertation über das Bauernrecht auch in Norwegen.

Walter Huppenkothen wird 1939 »Kommandeur der Sicherheitspolizei und des SD«. Ihm unterstehen die zivilen Polizeikräfte.

Im Hause Bonhoeffer wurde Hitler von Anfang an misstrauisch beäugt. Hans von Dohnanyi, Dietrichs Schwager, hatte 1939 den Dienst beim Amt Ausland/Abwehr im Oberkommando der Wehrmacht angetreten. Zuvor war er persönlicher Referent des Justizministers gewesen und hatte in dieser Funktion Juden gewarnt und ihnen geholfen. Seine Abteilung unterstand dem Generalmajor Hans Oster. Der ranghöchste Chef der Abwehr war Admiral Wilhelm Canaris, U-Boot-Kommandant im Ersten Weltkrieg. Hitlers rücksichtslose Kriegspolitik widerstrebte ihm. Zusammen mit James Graf von Moltke, dem geistigen Vater des Kreisauer Kreises, schickte er zu Beginn des Krieges an Generalfeldmarschall Keitel einen Brief, in dem er darauf hinwies, dass auch die sowjetischen Kriegsgefangenen nach den Regeln des Kriegsvölkerrechts behandelt werden müssten; es dürfe ihnen nicht schlechter ergehen als anderen Gefangenen. So wurde das Amt für Spionage und Gegenspionage zur Schaltzentrale der Verschwörung gegen Hitler. Da der militärische Nachrichtendienst ziemlich viele Freiheiten genoss, konnten Regimegegner hier unter strikter Geheimhaltung für ihre Ziele arbeiten. »*Die zentrale Leitung der Deutschen Abwehr (...) ist gleichzeitig die zentrale Leitung der deutschen Militäropposition*«, sagte Hans Oster immer wieder zu seinen Mitverschworenen. Oster, Sohn eines Pfarrers und überzeugter Christ, stand Hitler ablehnend gegenüber, seit dieser seine Mordaktion an der SA-Führung als »Röhm-Putsch« fingiert hatte und dabei ausgesprochene Brutalität bewiesen hatte. Er warnte die westlichen Länder vor dem völkerrechtswidrigen Angriff der Hitlerarmeen. Dafür wurde er in der Nachkriegsgeschichte der Bundesrepublik Deutschland noch heftig beschimpft, obwohl er schon gar nicht mehr lebte.

Auch Dietrichs Bruder Klaus und der Schwager Rüdiger Schleicher zählten zu Dohnanyis Widerstandskreis. Bonhoeffer dachte seit langem darüber nach, ob man Hitler nicht beseitigen müsse, um wieder rechtsstaatliche Verhältnisse im Land zu erreichen. Die Entscheidung zum Widerstand hatte er sich nicht leicht gemacht. Den Mann, für den das Gebet an erster Stelle des Tages stand und der täglich die Bibel las in der Gewissheit, dass Gott unmittelbar zu ihm redete, diesen Mann quälten immer wieder Fragen wie: Durfte er sich als Christ und zudem als evangelischer Pfarrer einer Gruppe anschließen, die Hitler mit Gewalt aus dem Weg räumen wollte? Oder waren auch Situationen denkbar, in denen das Gebot »Du sollst nicht töten« nicht galt? – Fragen, die ihm später auch seine Mitgefangenen stellen sollten, und Dietrich Bonhoeffer würde ihnen antworten, dass man schließlich auch nicht tatenlos zusehen könne, wenn ein Wahnsinniger mit seinem Auto über den Gehweg rase. Man könne sich als Pastor dann nicht darauf beschränken, die Toten zu begraben und den Hinterbliebenen Trost zu spenden. Wenn man schon ein solches Unglück kommen sehe, müsse man den »Fahrer vom Steuer reißen«.[10]

1938 hatte Bonhoeffer eine Schrift von Karl Barth gelesen – »Rechtfertigung und Recht«. Barth versuchte darin, die Unfehlbarkeit der Staatsgewalt zu »entmythologisieren«:

»Die grundlegende Belehrung der Kirche über ihr Verhältnis zum Staat ist das grelle Bild der Hinrichtung Jesu Christi durch seine Behörde.«[11]

Diesen Gedanken nahm Bonhoeffer auf und machte an verschiedenen Stellen deutlich, dass der Vers aus Römer 13 nicht isoliert betrachtet werden dürfe, sondern nur im Kontext des Neuen Testamentes. In der Apokalypse der verfolgten Gemeinden betrachtete man den Staat nicht als Obrigkeit, der man zu gehorchen habe, sondern als das »Tier aus dem Abgrund«. Diese biblische Überzeugung lieferte Bonhoeffer die Grundlage, gegen das Regime einzuschreiten. Er fühlte sich geradezu verpflichtet, sich an der Ermordung Hitlers zu beteiligen. Weder Bonhoeffer noch Karl Barth beriefen sich dabei auf die Überzeugung Martin Luthers; sie wurde erst nach 1945 von Hans Joachim Iwand, einem Theologen der Bekennenden Kirche, herausgearbeitet. Denn auch bei Luther, dem man gern die Obrigkeitsergebenheit als Grundtenor unterstellt, finden sich ganz andere Töne. Luther war nämlich der Auffassung, dass dann, wenn sich der Staat in ein tyrannisches Schreckensregiment umkehre, auch der gewaltsame Widerstand gerechtfertigt sei. Der Tyrannenmord diene dazu, das Recht wiederherzustellen.[12]

»Gilt der Satz ›Wer das Schwert nimmt, wird durch das Schwert umkommen‹ jetzt nicht auch für uns?«, wurde Bonhoeffer von seinem Schwager Hans von Dohnanyi gefragt, und er antwortete: *»Natürlich, das gilt auch für uns. Aber solcher Leute, die dies über sich gelten lassen, deren bedarf es jetzt.«*[13]

Für seine Mitverschwörer Hans von Dohnanyi und Hans Oster schrieb Bonhoeffer zur Jahreswende 1942 eine Art »Rechenschaftsbericht«. Unter der Überschrift »Nach 10 Jahren« lassen sich die Gedankengänge nachvollziehen, die Bonhoeffer auf dem Weg zum Widerstand begleiteten. Die Schrift überstand das Dritte Reich, versteckt auf dem elterlichen Dachboden. *»Wer hält stand?«*, so fragt Bonhoeffer da, und er kommt nach einer beeindruckenden Auseinandersetzung mit all den gängigen Werten und Idealen zu dem Schluss, dass weder die eigene Vernunft noch Prinzipien noch das Gewissen das Maß aller Dinge sind, sondern allein die persönliche Verantwortung vor Gott.[14]

Sich verantwortlich fühlen – das war in knappen Worten Bonhoeffers Erklärung für den Ursprung seiner Widerstandskraft. In seinem Essay schilderte er die Gewissenskonflikte, in die der hineingerät, der seine Augen vor dem Unrecht nicht verschließen kann und will. Bonhoeffer analysierte das Wesen der Dummheit und Unmündigkeit, warnte aber im nächsten Atemzug davor, sich in die Menschenverachtung hineintreiben zu lassen und es damit den Nationalsozialisten gleichzutun. Bonhoeffer erkannte, dass die Situation des Widerstands jenseits aller moralischen Normen und Prinzipien lag. Er wusste, dass außergewöhnliche Verhältnisse mitunter nicht mit sauberen Händen zu beenden sind. In seinem »Rechenschaftsbericht« findet sich ein Abschnitt, den Bonhoeffer mit »Civilcourage« betitelte – ein weitgehend unbekanntes Wort unter den Deutschen damals. Tapferkeit und Aufopferung – damit konnten sie etwas anfangen, nicht aber mit Zivilcourage. Diese, so Bonhoeffer, kann nur aus der freien Verantwortlichkeit eines selbst bestimmten Menschen entstehen, der nicht zu bedingungslosem Gehorsam bereit ist.

Die Schrift ist keineswegs als Rechtfertigung dafür zu verstehen, dass Bonhoeffer an einer Verschwörung mitwirkte, die die Ermordung Adolf Hitlers zum Ziel hatte. Bonhoeffer lag es fern, sich zu rechtfertigen. Er war bereit, die Verantwortung für das zu übernehmen, was er tat.

Um seine besondere Eignung als Mitarbeiter des Abwehrdienstes zu belegen, wies Bonhoeffer auf seine internationalen Beziehungen hin, die er während seiner ökumenischen Arbeit gesammelt hatte. Auch seine umfangreichen Auslands- und Sprachkenntnisse waren ein Pluspunkt. Bonhoeffers Aufgabe bestand darin, ausländische Nachrichten aufzuzeichnen und auf seinen Auslandsreisen Informationen für den deutschen Geheimdienst zu sammeln. Nach außen hin war er also Agent der Spionageabteilung unter Admiral Canaris; in Wirklichkeit jedoch sollte er seine vielen Auslandskontakte nutzen, um die Kriegsgegner über den deutschen Widerstand auf dem Laufenden zu halten. Es galt, für den Fall eines erfolgreichen Umsturzes Friedensbedingungen auszuhandeln.

Vorübergehend verschafften ihm Oster und Dohnanyi einen Posten als ziviler Abwehrmann in München. Dort war er erst einmal außer Reichweite der pommerschen Behörden. Die meiste Zeit jedoch hielt sich Bonhoeffer im Kloster Ettal auf. Dort schrieb er an seiner »Ethik«, wenn er nicht gerade Vertreter der römisch-katholischen Kirche traf, die ihrerseits im Widerstand aktiv waren. Sein erster großer Auftrag führte ihn im Frühjahr 1941 in die Schweiz. Doch die Eidgenossen wurden misstrauisch. Ein Pfarrer als Geheimagent? Da konnte doch was nicht stimmen. Seinem Freund Karl Barth gelang es, alle Zweifel zu zerstreuen. Er leitete die Begegnung mit dem Generalsekretär des Weltkirchenrates in die Wege. Bei seinem zweiten Aufenthalt in der Schweiz konnte Bonhoeffer bereits erkunden, welche Friedensbedingungen die Alliierten stellen würden. Und die sahen nicht gerade positiv aus. Auch in Italien und den skandinavischen Ländern war Bonhoeffer unterwegs. Über seinen englischen Freund George Bell knüpfte er Kontakte zum britischen Außenminister. Doch dort verhielt man sich ablehnend, ähnlich wie in Washington. Bonhoeffers Hoffnung, die Alliierten könnten den deutschen Widerstand unterstützen, sollte sich nicht erfüllen. Dennoch glaubte er fest daran, dass der Umsturz gelingen werde. Für diesen Fall existierten verschiedene Denkmodelle, wie es mit Deutschland weitergehen könne. So überlegte man zum Beispiel, ob der Hitlerstaat durch eine konstitutionelle Monarchie – vorzugsweise unter den Hohenzollern – abgelöst werden sollte.

Anfang Juli 1941 wird Walter Huppenkothen zum Reichssicherheitshauptamt in Berlin versetzt. Als Oberregierungsrat leitet er die polizeiliche Spionageabwehr.

Zweifellos war die Judenverfolgung für Dietrich Bonhoeffer das entscheidende Motiv, vom theologischen auch in den politischen Widerstand überzuwechseln. In seinem Verwandten- und Bekanntenkreis gab es viele, die unter die so genannte »Nicht-Arier-Gesetzgebung« fielen. Zu ihnen gehörte auch Friedrich Justus Perels, der als Rechtsberater der Bekennenden Kirche tätig war. Schon sein Großvater war vom Judentum zur Evangelischen

Kirche konvertiert. Die zeigte sich mit ihren jüdischen Mitgliedern allerdings wenig solidarisch. Ende 1941 veröffentlichten viele Landeskirchen eine »Bekanntmachung über die kirchliche Stellung evangelischer Juden«:

»*Die nationalsozialistische deutsche Führung hat mit zahlreichen Dokumenten unwiderleglich bewiesen, dass dieser Krieg in seinen weltweiten Ausmaßen von den Juden angezettelt worden ist. (…) Als Glieder der deutschen Volksgemeinschaft stehen die unterzeichnenden deutschen Evangelischen Landeskirchen und Kirchenleiter in der Front dieses historischen Abwehrkampfes, (…) wie schon Doktor Martin Luther nach bitteren Erfahrungen die Forderung erhob, schärfste Maßnahmen gegen die Juden zu ergreifen und sie aus deutschen Landen auszuweisen. (…) Durch die christliche Taufe wird an der rassischen Eigenart eines Juden, seiner Volkszugehörigkeit und seinem biologischen Sein nichts geändert. Eine deutsche Evangelische Kirche hat das religiöse Leben deutscher Volksgenossen zu pflegen und zu fördern. Rassejüdische Christen haben in ihr keinen Raum und kein Recht. Die unterzeichnenden deutschen Evangelischen Kirchen und Kirchenleiter haben deshalb jegliche Gemeinschaft mit Judenchristen aufgehoben.*«[15]

Bonhoeffer und Perels verband eine herzliche Freundschaft. Etwa zur gleichen Zeit, als diese Bekanntmachung veröffentlicht wurde, verfassten sie zwei Berichte über die ersten Judendeportationen in Berlin. Dahinter steckte die Absicht, kritische Generäle zum Putsch zu bewegen. Nach diesen Berichten wurden im Oktober 1941 ohne vorherige Benachrichtigung Wohnungen jüdischer Mitbürger geräumt und in drei Schichten etwa 1500 Menschen aus Berlin abtransportiert.

Dass Bonhoeffer mit dem Berliner ökumenischen Hilfswerk zusammenarbeitete, das Juden mit Lebensmittelmarken, Kleidung und notfalls auch gefälschten Pässen aushalf, war nur eine Seite seiner Einmischung. Weitaus gefährlicher und abenteuerlicher war seine Mitarbeit im »U 7«. Dabei handelte es sich um eine Aktion, die Juden die Flucht ins Ausland ermöglichte. Initiator des »Unternehmens 7« war Canaris. Die Zahl 7 stand für sieben Flüchtlinge, die sich später jedoch auf 14 erhöhte. Ziel war die neutrale Schweiz. Gelingen konnte das Projekt nur, indem die Verschwörer Heinrich Himmler an der Nase herumführten. Man schlug ihm vor, Juden als Spione ins Ausland zu schleusen, wo man sie für Flüchtlinge halten würde. Himmler war von dieser Idee hellauf begeistert, und so kamen 14 Flüchtlinge mit ihren echten Pässen über die Grenze. Doch bis dahin mussten unzählige Behördengänge überwunden werden, und jedes Mal war die Gefahr groß, dass der ganze Trick aufflog.

Dietrich Bonhoeffer unterhielt auch Kontakte zu anderen Widerstandskreisen. So gab es eine Gruppe von christlichen Widerstandskämpfern, die sich auf dem niederschlesischen Gut Kreisau trafen. Zu ihnen gehörte Helmuth James von Moltke. In Russland hatte sich in der Heeresgruppe Mitte der Wehrmacht eine Widerstandsgruppe gebildet. Die führenden Köpfe waren Generalmajor Henning von Tresckow und Oberleutnant Fabian von Schlabrendorff. Nach der Niederlage der deutschen Armee in Stalingrad war man sich in diesen Kreisen einig, dass schnellstmöglich gehandelt werden müsse, wenn noch größere Katastrophen verhindert werden sollten.

Am 13. März 1943 plante Hitler, mit der Heeresgruppe Mitte in Smolensk zusammenzutreffen. Eberhard Bethge fuhr Hans von Dohnanyi mit dem Auto Karl Bonhoeffers zum Berliner Bahnhof. Er ahnte nicht, dass Dohnanyi eine Bombe im Gepäck hatte. Dohnanyi bestieg den Zug nach Ostpreußen und flog von dort mit Admiral Canaris nach Smolensk. Dort schmuggelten Generalmajor von Tresckow und Oberleutnant von Schlabrendorff die Bombe in Hitlers Flugzeug, doch der Zeitzünder versagte. Ein weiterer Offizier der Heeresgruppe Mitte, Rudolf von Gersdorf, erklärte sich eine Woche später bereit, sich als Selbstmordattentäter mit Hitler in die Luft zu sprengen, wenn dieser einen Rundgang im Berliner Zeughaus machte. Während der geplanten Aktion hatte sich Dietrich Bonhoeffer mit seiner Familie versammelt, um den fünfundsiebzigsten Geburtstag seines Vaters zu feiern. Er saß am Klavier und rechnete jeden Moment mit dem erlösenden Anruf. Doch auch dieses Attentat scheiterte. Obwohl alles noch unentdeckt schien, zog sich die Schlinge um Dietrich Bonhoeffer und seine Mitverschwörer immer weiter zu. Die Gestapo hatte schon ein Auge auf die Abwehr geworfen.

Gefängnis

Keiner könne zu Gottes Wegen ja sagen, wenn er nicht bereit sei, seine Gebote und Verheißungen zu akzeptieren, sagte Bonhoeffer einmal. Sich wider alles Verstehen in den Willen Gottes zu ergeben und ihm dennoch zu vertrauen – das fiel auch Dietrich Bonhoeffer nicht leicht, vor allem, als er immer tiefer in die Fänge der Justiz geriet. Doch er setzte darauf, genügend Widerstandskraft zu haben, wenn die Situation es erforderte.

Es war Dr. Wilhelm Schmidhuber, der während seiner eigenen Vernehmung den Hinweis auf Bonhoeffer und seine Mitverschwörer gegeben hatte. Schmidhuber war als Major in der Abwehrstelle München Bonhoeffers Vorgesetzter gewesen. Er kannte auch die Familie Dohnanyi sehr gut. Schmidhuber selbst war bei der Beschaffung der Reisevisa behilflich und wusste so über einige, wenn auch nicht über alle Aktivitäten Bonhoeffers und Dohnanyis Bescheid.

Nach dem Verhör konnten sich die Beamten einen ungefähren Reim auf Bonhoeffers Reisen und auf seine Unabkömmlichkeitsstellung machen. Entscheidend für Bonhoeffers Verhaftung war allerdings das belastende Material, auf das man durch unglückliche Umstände in Dohnanyis Büro in der Abwehrzentrale aufmerksam geworden war. Es handelte sich dabei um drei Zettel aus einer Akte, die Rückschlüsse auf die wahren Hintergründe von Bonhoeffers Arbeit zuließen. Generalmajor Oster versuchte während der Durchsuchung, diese Zettel an sich zu nehmen und wurde von Kriminalkommissar Sonderegger dabei beobachtet. Von da an galt Bonhoeffer als verdächtig.

Am 5. April 1943 rief Dietrich Bonhoeffer seine Schwester Christine an, die mit Hans von Dohnanyi verheiratet war. Am Telefon meldete sich eine fremde Männerstimme. Bonhoeffer wusste sofort, dass es sich nur um eine Hausdurchsuchung handeln konnte. Er überprüfte seinen Schreibtisch auf belastendes Material hin und ging dann zu seiner Schwester Ursula Schleicher, die im Nebenhaus wohnte. Sie versorgte ihn noch einmal mit einer kräftigen Mahlzeit, damit er den zu erwartenden Gefängnisaufenthalt besser überstehen könne. Er ahnte nicht, dass er nie wieder freikommen würde. Auch Hans und Christine von Dohnanyi wurden in Untersuchungshaft gebracht.

Am 1. März 1944 tritt Otto Thorbeck in den aktiven SS-Dienst ein; hierbei wird er zum SS-Sturmbannführer befördert, was dem militärischen Rang eines Oberstleutnants entspricht. Aus dem Reichsjustizdienst scheidet er Ende 1944 aus.

Dietrich Bonhoeffer lebte im Militärgefängnis Berlin-Tegel, zunächst in strenger Isolierhaft. Niemand durfte ihn besuchen, niemand mit ihm sprechen – nicht einmal die Wärter. Das empfand er schlimmer als das Fehlen von

»*Seife und frischer Wäsche*«.[17] Er wusste zu diesem Zeitpunkt noch nicht, wie viele Details die Ermittlungsbehörden über seine Arbeit in Erfahrung gebracht hatten und was genau man ihm zur Last legen würde. Die quälende Ungewissheit, dazu die Angst vor möglicher Folter und den gefürchteten Verhören durch Oberkriegsgerichtsrat Roeder brachten ihn fast zur Verzweiflung. »*Selbstmord*«, kritzelte er auf einen Zettel, »*nicht aus Schuldbewusstsein, sondern weil ich im Grunde schon tot bin, Schlussstrich, Fazit.*«[18]

Die Folter blieb Dietrich Bonhoeffer erspart, und seine Situation wurde für ihn etwas erträglicher, als sich ein Vetter seiner Mutter für ihn einsetzte. Generalleutnant Paul von Hase war für die Berliner Militärgefängnisse zuständig. Als das bekannt wurde, trat eine Wende ein. Ab sofort wurde Bonhoeffer bevorzugt behandelt. Seine Angehörigen durften ihn besuchen; sie brachten ihm Bücher mit und versorgten ihn mit Lebensmitteln, die Bonhoeffer bereitwillig mit anderen teilte.

An den Verhören Roeders änderte sich zunächst nichts. Er war sichtlich bestrebt, Bonhoeffer Hoch- und Landesverrat nachzuweisen. Doch die Beweise reichten dazu nicht aus. Bonhoeffer spielte den unschuldigen Pastor, und so konzentrierten sich die Verhöre vor allem auf Dohnanyi. Es war ausgemacht, dass Admiral Canaris die ganze Verantwortung übernehmen sollte. Um sich während der Verhöre nicht in Widersprüche zu verstricken, übermittelten sich die Gefangenen geheime Botschaften in Büchern, die sie sich über Besucher gegenseitig ausliehen. Alle zehn Seiten wurde – kaum sichtbar – von hinten nach vorn ein Buchstabe markiert, die – zusammengesetzt – eine Nachricht ergaben.

Sosehr sich Roeder auch bemühte – eine Verschwörung gegen Hitler konnte er Bonhoeffer nicht nachweisen. Und so musste er sich auf den Vorwurf beschränken,

Bonhoeffer habe sich durch Täuschung dem Wehrdienst entzogen. Die Anklageschrift wurde erst 1990 im Militärhistorischen Archiv in Prag aufgefunden:

»*Reichskriegsgericht. Berlin-Charlottenburg 5, den 21. September 1943 (…) Geheime Kommandosache (…) Anklageverfügung: Gegen den Pfarrer Dietrich Bonhoeffer, geb. am 4. Februar 1906 zu Breslau, evangelisch, ledig, gerichtlich nicht vorbestraft, seit dem 5. April 1943 vorläufig festgenommen im Wehrmachtuntersuchungsgefängnis Berlin-Tegel, wird die Anklage verfügt. Er ist hinreichend verdächtig zu Berlin und an anderen Orten (…) im Jahre 1939/40 es unternommen zu haben, durch ein auf Täuschung berechnetes Mittel sich der Erfüllung des Wehrdienstes zeitweise zu entziehen (…) Verbrechen gegen § 5 Absatz 1 Ziffer 3 KSSVO (Kriegsstrafrechtssonderverordnung), § 74 RStGB (Reichsstrafgesetzbuch).*«

Dietrich Bonhoeffer war in Hochstimmung. Er ging davon aus, dass er bald vor ein Gericht gestellt werden würde. Er rechnete mit einem Freispruch. Schließlich hatte er sich ein schlagkräftiges Argument zurechtgelegt: Wenn er sich dem Militärdienst hätte entziehen wollen, dann wäre er doch nicht aus Amerika zurückgekommen. Außerdem habe er sich freiwillig als Feldgeistlicher gemeldet, aber man habe ihn dort nicht genommen. Doch der Beginn einer Gerichtsverhandlung verzögerte sich. Und dann kam der 20. Juli 1944.

Hoffnung

»Warum hast du mich vergessen?« Dass jeder Christ irgendwann einmal in seinem Leben diese Frage an Gott stellt, wusste auch Bonhoeffer. Wichtig ist, dass er sie an Gott stellt und nicht an eine undefinierbare Macht. Gott –

dessen war sich Bonhoeffer ganz sicher – ist der einzig Verlässliche im Leben. Er gab ihm Halt, auch als der Boden unter seinen Füßen immer mehr zu schwanken begann.

Dietrich Bonhoeffer war darüber informiert, dass wieder ein Versuch geplant war, Hitler aus dem Weg zu räumen. Sein Bruder Klaus, sein Schwager Rüdiger Schleicher sowie sein Onkel Paul von Hase waren darin verwickelt. Oberst Claus Schenk von Stauffenberg sollte die Tat ausführen. Er traf sich mit Hitler in der »Wolfsschanze« zur Lagebesprechung. Bei dieser Gelegenheit zündete er die Bombe, die jedoch ihre Wirkung verfehlte. Hitler wurde nur leicht verletzt, was Stauffenberg aber erst nach seiner Rückkehr in Berlin erfuhr. Er war fest davon überzeugt gewesen, Hitler getötet zu haben. Stauffenberg wurde noch in derselben Nacht erschossen. Hitler setzte nun eine unglaubliche Maschinerie in Gang mit dem Ziel, sämtlicher Mitverschwörer habhaft zu werden. Auch jene, die nicht unmittelbar an dem Attentat beteiligt waren – Sympathisanten, Angehörige und Mitwisser –, sollten dafür büßen. Es waren Hunderte, die im Zusammenhang mit dem 20. Juli den Tod fanden. Allerdings sorgte Hitler entgegen seiner üblichen Praxis dafür, dass nicht alle umgehend hingerichtet wurden. Aussagen und damit nähere Informationen konnte er nur von denjenigen bekommen, die noch lebten. Auch Bonhoeffer und seine Freunde wurden so bis zuletzt »aufgehoben«.

Bonhoeffer erfuhr noch am selben Abend von dem gescheiterten Attentat. Seine letzte Hoffnung war dahin. Zu allem Überfluss förderte die Gestapo in Zossen bei Berlin einen Aktenfund zutage, der eindeutig bewies, dass Oster, Dohnanyi und auch Bonhoeffer zu den Verschwörern gehörten. Mehrmals hatte Dohnanyi über seine Frau seinen Komplizen ausrichten lassen, das belastende Material unbedingt zu vernichten, da jeder Zettel ein Todesurteil bedeute. Doch Generaloberst Ludwig Beck weigerte sich hartnäckig. Die Dokumente seien historisch wichtig. Man müsse später der Welt beweisen können, dass der Putsch notwendig gewesen sei. Der Fund enthielt:

»*Aufzeichnungen hinsichtlich der Staatsstreich-Vorbereitungen aus dem Jahre 1938, teilweise von der Hand Osters;*

Niederschriften über die Ergebnisse der Verhandlungen mit der britischen Regierung über den Vatikan;

eine zusammenfassende Darstellung von der Hand des Generaloberst Beck über die Lage nach dem Polenfeldzug;

eine Studie aus der Hand des Generals Oster über die Durchführung eines Staatsstreiches;

Teile des Tagebuches von Admiral Canaris mit Aufzeichnungen über die Angelegenheiten der Widerstandsbewegung und mit Notizen über Frontreisen zu verschiedenen Kommandeuren, um diese für den Umsturz zu gewinnen;

Korrespondenz über die bereits erwähnte Tätigkeit Bonhoeffers und dergleichen mehr.«[19]

Dohnanyi hatte es außerdem auch nicht an einer »Skandalchronik« mangeln lassen. Von Morden und Mordversuchen war die Rede, von Devisenschiebereien, es fanden sich Filme über die Gräueltaten in Polen sowie Berichte über die Behandlung von Kriegsgefangenen – jedes Delikt der Nazis hatte Dohnanyi penibel festgehalten. Er wollte so nach dem Umsturz Beweise in der Hand haben, um allen die Augen über das Schreckensregime Hitlers zu öffnen. Als Hitler auf Grund der Akten begriff, dass der 20. Juli nur der Gipfel einer großen Verschwörung war, die bereits 1938 ihren Anfang genommen hatte, schäumte er vor Wut und ordnete gründliche Untersuchungen an.

Im Herbst 1944 wurde Huppenkothen zum Regierungsdirektor befördert. Außerdem erhielt er den Angleichungsdienstrang eines SS-Standartenführers, was militärisch dem Rang eines Obersts entsprach. Er wurde mit der Leitung der Sonderkommission beauftragt, die sich ausführlich mit den Zossener Akten zu beschäftigen hatte. Huppenkothen verfasste dazu einen Bericht von 160 Seiten. Seine »Führervorlage« enthielt darüber hinaus umfangreiche Anlagen mit Fotokopien und Urkunden.

Huppenkothen schreckte nicht einmal vor mittelalterlichen Foltermethoden zurück, denen Dietrich Bonhoeffer – soweit es bekannt ist – glücklicherweise entkam. Doch er wusste von seinen Mitgefangenen, was auf ihn zukommen könnte, und dachte an Flucht. Unter den Wächtern, die er sich zum Freund gemacht hatte, war einer, der sich bereit erklärte, ihm dabei zu helfen. Bonhoeffer sollte ihn – als Monteur verkleidet – aus dem Gefängnis begleiten. Die Familie hatte bereits Lebensmittelmarken und Geld zur Verfügung gestellt, doch Bonhoeffer dachte auch dieses Mal in letzter Minute nicht an sich selbst, sondern an andere. Sein Bruder Klaus und sein Schwager Rüdiger Schleicher wurden während der Vorbereitungen zur Flucht festgenommen. Ihre Verhaftung stand im Zusammenhang mit dem Attentat auf Adolf Hitler. Hans von Dohnanyi war bereits aus Tegel in das KZ Sachsenhausen überstellt worden. Die Situation hatte sich verschärft. Bonhoeffers Flucht hätte unabsehbare Folgen für seine Familie nach sich gezogen. Er entschloss sich also zu bleiben.

Ende oder Anfang?

Durch den Zossener Aktenfund war Bonhoeffers Beteiligung am Widerstand eindeutig bewiesen. Aus diesem Grund wurde er am 8. Oktober 1944 in das gefürchtete Kellergefängnis des Reichssicherheitshauptamtes gebracht. Er konnte nun weder Besucher empfangen noch Geheimbotschaften austauschen. Friedrich Justus Perels wie auch der Heeresrichter Sack – früher wichtige Helfer und Ratgeber im Umgang mit der Militärjustiz – waren nun selbst inhaftiert. Die Wärter waren bis auf wenige Ausnahmen barbarisch und die Verhöre weitaus grausamer als in Tegel. Doch Bonhoeffer gelang es auch hier, Haltung zu bewahren und sich Ansehen zu verschaffen. Dass die Gelassenheit, mit der er auftrat, nicht immer echt, sondern gespielt war, wussten viele nicht. Immer wieder wurde er von Huppenkothen verhört, der mehr über seine ökumenischen Beziehungen und über seine Auslandskontakte erfahren wollte.

Der schwerste Bombenangriff auf Berlin zerstörte das Gestapo-Gefängnis so stark, dass die Häftlinge an anderen Orten untergebracht werden mussten. Bonhoeffer wurde daher mit anderen Sonderhäftlingen, von denen man sich weitere Informationen versprach, ins Konzentrationslager Buchenwald verbracht.

Bis Januar 1945 war Otto Thorbeck in Nordrussland als Korpsrichter tätig. Danach kehrte er aus Kurland zum Hauptamt SS-Gericht, das inzwischen nach Prien am Chiemsee verlegt worden war, zurück. Er erhielt nun die Chefrichterstelle beim SS- und Polizeigericht in München. Gleichzeitig übte er als »Inspektionsrichter Süd« die Dienstaufsicht über die SS- und Polizeigerichte in Nürnberg, München, Salzburg und Laibach aus.

Die Kellerzelle, die Bonhoeffer zugewiesen wurde, befand sich außerhalb des Lagers unterhalb des Kommandanturgebäudes. In dem dunklen Verlies verbreitete er trotz der bedrückenden Umstände Ruhe und Freundlichkeit. Er bemühte sich, den anderen Häftlingen etwas von ihren Ängsten zu nehmen.

Anfang April standen die Alliierten bereits an der Werra. Doch keiner der »prominenten« Häftlinge sollte in die Hände des Feindes fallen. Und so wurden Bonhoeffer und seine Mitgefangenen in einer unvorstellbaren Odyssee in Richtung Süden abtransportiert. In Flossenbürg mussten zwei der Gefangenen den Wagen verlassen; ein dritter, Ludwig Gehre, sprang freiwillig hinterher. Das Lager war übervoll. Dietrich Bonhoeffer fuhr mit den anderen weiter nach Regensburg. Hier kamen sie vorübergehend im Gerichtsgefängnis unter. Bonhoeffer war zuversichtlich, das Schlimmste nun überstanden zu haben. Die Fahrt am nächsten Tag in den Bayerischen Wald war für die Häftlinge schon fast ein Genuss. Sie endete in Schönberg bei Zwiesel in einer Schule, die zur Haftanstalt umfunktioniert war. Doch mit dem Schrecken der letzten Jahre war dies alles kaum noch vergleichbar. Mitten in diese hoffnungsvolle Stimmung hinein wurde Bonhoeffer herausgerufen. Er wusste, dass es jetzt kein Entrinnen mehr gab. *»Dies ist das Ende – für mich der Anfang des Lebens«*, sind die letzten Worte, die uns von ihm überliefert sind. Er trug sie seinem Mitgefangenen Payne Best auf, dass er sie als letzten Gruß an seinen englischen Freund, den Bischof von Chichester, ausrichten sollte.[20]

Die Fahrt ging zurück nach Flossenbürg und dauerte wohl bis in den späten Abend. Dort erwartete ihn ein Prozess, der keiner war, und der Tod, der im Morgengrauen des 9. April 1945 vollstreckt wurde.

Was geschah in Flossenbürg? – Versuch einer Rekonstruktion

Am Montag, den 9. April 1945 zwischen sechs und sieben Uhr, wurden im KZ Flossenbürg folgende Personen hingerichtet: Pastor Dietrich Bonhoeffer, Admiral Canaris, General Oster, Generalstabsrichter Dr. Sack und Hauptmann Gehre. Sie alle waren am Widerstand gegen Hitler beteiligt gewesen. Wenige Stunden später begann man mit der Räumung des KZs Flossenbürg, da die Alliierten schon fast vor der Tür standen. Die Leichen und ihre persönliche Habe wurden verbrannt. Tags zuvor hatte ein Standgerichtsverfahren unter dem Vorsitz des SS-Sturmbannführers Dr. Otto Thorbeck stattgefunden; SS-Standartenführer Walter Huppenkothen trat als Staatsanwalt auf. Die fünf Männer wurden wegen Landes- bzw. Hochverrats zum Tod verurteilt.

Von 1952 bis 1956 sitzen Dr. Otto Thorbeck und Walter Huppenkothen selbst auf den Anklagebänken verschiedener Gerichte. Der Vorwurf lautet: Beihilfe zum Mord. Die Bundesrepublik steckt noch in den Kinderschuhen, und die Richter sind stolz darauf, »unabhängig und nur dem Gesetz unterworfen« zu sein. Im Prozess gegen Thorbeck und Huppenkothen müssen sie sich mit den letzten Kriegstagen beschäftigen, in denen nationalsozialistische Willkür noch einmal die Oberhand gewann.

Die näheren Umstände, die zur Tötung von Dietrich Bonhoeffer und seiner Mitverschworenen führten, lagen ziemlich lange im Dunkeln. Noch bis in die 60er Jahre hinein glaubten viele, Bonhoeffer sei erschossen worden, obwohl zu diesem Zeitpunkt schon die Aussagen jener Personen vorlagen, die an dem Flossenbürger Prozess beteiligt waren. Allerdings interessierte sich kaum jemand dafür. Die Nachkriegsdeutschen hatten andere Probleme. Sie wollten den Krieg so schnell wie möglich vergessen und das Land wieder aufbauen. Gedanken an die unglückselige Vergangenheit waren da nur hinderlich. Außerdem hatten viele den Nationalsozialismus begeistert mitgetragen, und nun sollte all das falsch gewesen sein? Und Dietrich Bonhoeffer – wer war das überhaupt? Über viele Jahre hinweg verhielt sich die Kirche eher gleichgültig, was das Schicksal ihres großen Theologen betraf. Kein Gemeindehaus, keine Kirche wurde nach ihm benannt. Als im April 1953 in Flossenbürg eine Gedenktafel für Dietrich Bonhoeffer enthüllt werden sollte, weigerte sich der bayerische Landesbischof Meiser, an den Feierlichkeiten teilzunehmen. Bonhoeffer sei nicht als Pastor, sondern als politischer Widerstandskämpfer hingerichtet worden, gab er als Begründung an. Dass der politische Widerstand aus Bonhoeffers christlichem Verständnis erwuchs – diesen Zusammenhang konnten und wollten viele nicht erkennen. Das änderte sich erst allmählich im Lauf der folgenden Jahre. Heute ist kein anderer deutscher Theologe des 20. Jahrhunderts so populär wie Dietrich Bonhoeffer. Im Deutschland der Nachkriegszeit jedoch machte die Evangelische Kirche mit Blick auf den 20. Juli 1944 immer wieder deutlich, dass sie den Anschlag auf Hitler niemals gutheißen könne:

»*Was den 20. Juli betrifft, so können wir auch heute nicht zugeben, dass es Sache der Kirche gewesen wäre, (...) einen politischen Mordanschlag religiös-ethisch zu rechtfertigen. (...) Wir glauben, dass es der Lehre der Heiligen Schrift entspricht, wenn die Kirche (...) dem Gericht Gottes, das die Tyrannen dieser Welt noch immer zur rechten Zeit ereilt hat, nicht vorgreift.*«[21]

Bonhoeffer hatte keinen Rückhalt in seiner Kirche gefunden, weder während seines Widerstands noch während der Aufdeckung jener Umstände, die zu seinem Tod führten. Die Angeklagten verwickelten sich in zahlreiche Widersprüche, die das Gericht aufhorchen ließen. Die Verhandlungen wurden teilweise vom Bayerischen Rundfunk mitgeschnitten. Vor allem den genauen Tag der Hinrichtung und die Dauer des Standgerichts versuchten die Richter mit Hilfe zahlreicher Augenzeugen zu klären. Einer von ihnen war Prinz Philipp von Hessen, der ebenfalls im KZ Flossenbürg inhaftiert gewesen war:

Zeuge:
Als ich wieder herausgelassen wurde, um an die Luft zu kommen, da musste ich ja durch die Wachstube durch und sah dort ein ziemliches Durcheinander von allen möglichen Gegenständen. Auf dem Tisch lagen eine ganze Anzahl Bücher, und dann lagen Kleidungsstücke herum und verschiedene andere Sachen, wie man sie eben bei sich trägt.

Richter:
Haben Sie da vielleicht eine Frage gegenüber einem Wachposten gestellt, woher die Sachen sind?

Zeuge:
Ja, mit den Leuten stand ich mich verhältnismäßig gut nach dieser langen Zeit, und sie (…) waren ziemlich zutraulich geworden. (…) Auch war der Stab dieser Wachleute vergrößert worden, weil das Gefängnis ganz überbelegt war. (…) Und da habe ich also zu ihnen gesagt: »Heute Nacht ist wohl wieder was los gewesen, da hat wohl wieder jemand dran glauben müssen – oder mehrere.« Und da haben sie mit dem Kopf genickt.

Als ich zurückkam aus dem Gefängnishof, wo ich etwa eine halbe Stunde zugebracht hatte, ging ich wieder dort hinein und hielt mich absichtlich etwas in diesem

Raum auf. (...) Ich ging an den Tisch heran, auf dem diese verschiedenen Bücher und Schriftstücke lagen, und war natürlich neugierig. Ich sah mir die Sachen an und nahm mir zwei oder drei dieser Bücher mit. (...)

Richter:
Darf ich Sie noch mal unterbrechen? Haben Sie gemeint, aus den Gegenständen bringen Sie heraus, wer [die Hingerichteten waren]?

Zeuge:
Ja, wer es war ...

Richter:
Haben Sie in dieser Absicht diese Bücher mitgenommen?

Zeuge:
Mehr oder weniger in der Absicht ... – Und das eine Buch, ich weiß es noch genau, war ein Buch von Kantorowicz über Kaiser Friedrich II. Und da glaube ich, mich entsinnen zu können, dass da sogar der Name von Canaris und verschiedene Randbemerkungen drin standen. Das andere war ein Band aus Goethes Werken, und da stand der Name Bonhoeffer drin, der mir aber damals nichts sagte, weil ich von ihm noch nie was gehört hatte.

Richter:
Erinnern Sie sich an den Namen Bonhoeffer mit Sicherheit?

Zeuge:
Ja, Bon- oder Bornhoeffer ...

Bonhoeffer – den Namen kannte ich damals nicht, aber ich habe ihn nachher oft nennen hören, wie ich nachher aus der Einzelhaft herauskam und abtransportiert wurde. (...)

Richter:
Noch *vor* dem Abtransport oder *auf* dem Abtransport?

Zeuge:
Nein, *auf* dem Abtransport.

Richter:
Von anderen Mitgefangenen auf dem Transport. – Und zur damaligen Zeit erinnern Sie sich, dass das Bonhoeffer geheißen hat, oder wie könnte es noch geheißen haben – vielleicht Braunhuber?

Zeuge:
Nein, Bonhoeffer. Darüber ist kein Zweifel.

Richter:
Darüber ist kein Zweifel, dass es Bonhoeffer geheißen hat? Ich frage Sie deshalb, Herr Zeuge, das kann für die Beweisführung von einer ganz erheblichen Bedeutung sein – also, das können Sie auch unter Eid beantworten?

Zeuge:
Das könnte ich absolut unter Eid beantworten. In dem Fall Bonhoeffer sehe ich noch die Schrift im Buchdeckel drin als Besitz. Allerdings kann ich mich nicht auf den Vornamen besinnen. Aber auf den Familiennamen Bonhoeffer kann ich mich absolut besinnen.[22]

Die Beobachtungen, die Prinz Philipp von Hessen während seiner Haft im KZ Flossenbürg gemacht hatte, waren für das Landgericht München äußerst bedeutsam. Die Angeklagten Huppenkothen und Thorbeck hatten nämlich behauptet, dass am 9. April noch unter anderem gegen Bonhoeffer vor dem Standgericht verhandelt wurde. Demnach hätte sich die Aburteilung der fünf Männer über zwei Tage hingezogen. Der Schilderung des Prinzen von Hessen war jedoch zu entnehmen, dass Pastor Bonhoeffer bereits am Morgen des 9. April 1945 nicht mehr am Leben war. Das ergaben auch die Aussagen anderer Zeugen. Somit konnte von einem ordnungsgemäßen Prozess im KZ Flossenbürg keine Rede sein. Vielmehr waren offenbar innerhalb weniger Stunden im Hauruckverfahren Todesurteile verhängt worden. Ein Scheinprozess für eine längst beschlossene Sache?

Dr. Heinz Ponnath, Richter am Landgericht Bayreuth, hat sich eingehend mit dem Flossenbürger Urteil beschäftigt, aber auch mit den Urteilen gegen Huppenkothen und Thorbeck.

»Viele argumentieren, dass man dem Richter Thorbeck doch keinen Vorwurf machen könne. Schließlich habe er das damalige Militärstrafgesetz angewandt. Das Urteil sei zu Recht erfolgt. Aber hat sich das Gericht in Flossenbürg an die damals geltenden Regeln gehalten? Wenn sie das nicht getan haben, dann stellt sich als Nächstes die Frage, ob Otto Thorbeck Bonhoeffer und seine Gefährten verurteilte, obwohl er genau wusste, dass er dies von der Gesetzeslage her gar nicht durfte. Wenn man ihm das nachweisen kann, dann kann man sagen: Er hat nicht recht gesprochen, sondern gemordet.«[23]

Huppenkothen und Thorbeck setzten sich über viele Regeln hinweg, die selbst damals im nationalsozialistischen Deutschland galten. Außer der viel zu kurz bemessenen Zeit, die für den Prozess anberaumt wurde, gab es eine Reihe von Formalitätsfehlern. Otto Thorbeck wusste – wie er selbst zu Protokoll gab –, dass ein Standgericht nicht das richtige Verfahren war, um die fünf Männer zu verurteilen. Standgerichte durften nur bei Straftaten einberufen werden, bei denen eine sofortige Aburteilung notwendig schien, weil die Sicherheit und Ordnung der Truppe gefährdet war.

Abgesehen davon, war das Standgericht in Flossenbürg auch noch falsch besetzt. Für ein Standgericht waren Militärrichter zuständig, nicht aber SS-Führer. Auch die Wahl des Beisitzers entsprach nicht den Bestimmungen. Max Koegel, der Leiter des KZs Flossenbürg, dem ein Menschenleben ohnehin nichts bedeutete, hatte wohl die denkbar schlechtesten Voraussetzungen, um diese Aufgabe zu übernehmen. Der zweite Beisitzer, der angeblich hinzugezogen wurde, bleibt der geheimnisvolle Unbekannte. Thorbeck konnte sich an seinen Namen nicht mehr erinnern; Huppenkothen konnte, wollte aber nicht. Auch einen Protokollführer gab es nicht. Nicht einmal ein Verteidiger wurde Dietrich Bonhoeffer und seinen Gefährten gewährt. Dieser hätte am Ausgang des Verfahrens sowieso nichts ändern können, meinte Huppenkothen lakonisch während seiner Vernehmung.

Was sich genau in Flossenbürg zutrug, lässt sich nicht mit letzter Gewissheit rekonstruieren. Was wir wissen, ergibt sich nur aus den Aussagen der Angeklagten und der Zeugen. Was davon wahr, was unwahr ist, kann man nicht zweifelsfrei nachweisen. Demnach ergibt sich folgendes Bild:

Am Donnerstag, den 5. April 1945, ordnete der Leiter des früheren Reichssicherheitshauptamtes Kaltenbrunner an – entweder auf Befehl, zumindest aber mit Billigung Hitlers –, Standgerichtsverfahren gegen Dohnanyi, Admiral Canaris, Generalmajor Oster, Generalstabsrichter Dr. Sack, Hauptmann Gehre und Pastor Bonhoeffer im KZ Flossenbürg durchzuführen. Huppenkothen trat in all diesen Verfahren als Ankläger auf. Er fuhr zuerst ins KZ Sachsenhausen, um dort den fast bewusstlosen Dohnanyi zum Tode zu verurteilen und reiste dann unverzüglich weiter ins KZ Flossenbürg. Was dann geschah, entnehmen wir der Schilderung des Richters Otto Thorbeck, wie sie vom Augsburger Schwurgericht festgehalten wurde:

»Eines Tages, Anfang April 1945, sei vom Hauptamt SS-Gericht in Prien bei seiner Dienststelle in München angerufen worden, er habe im KZ Flossenbürg, dessen örtliche Lage ihm noch gar nicht bekannt gewesen sei, ein Standgericht durchzuführen; Befehl vom Führerhauptquartier liege vor; es handle sich um eine geheime Reichssache; er werde in Flossenbürg alles weitere vorfinden. Als Termin des Standgerichts sei ihm der 8. April 1945 genannt worden. (…) Am nächsten Tage (…) habe er sodann eine Rückfrage gehalten, worauf ihm vom Personalreferenten beim Hauptamt SS-Gericht, Dr. Gr. die Gültigkeit der Anordnung bestätigt worden sei; gleichzeitig habe der Genannte jedoch seiner Verwunderung darüber Ausdruck gegeben, dass er – Dr. T. – sich nicht sofort in Marsch gesetzt habe. Der Angeklagte erklärt weiter, er habe sodann am gleichen Tage eine Fahrgelegenheit mit einer Munitionskolonne nach Schwarzenfeld (40 km südlich Weiden/Opf.) ausfindig gemacht, sei mit dieser am Morgen des folgenden Tages abgefahren und am Nachmittage des gleichen Tages in Schwarzenfeld angekommen. Dort habe er sich von der Gendarmeriestation aus fernmündlich mit dem KL Flossenbürg in Verbindung gesetzt und seine Abholung für den Morgen des nächsten Tages (…) zugesagt erhalten. Durch Vermittlung der Tochter eines Polizeibeamten habe er Quartier in Schwarzenfeld erhalten und dort übernachtet. (…)

Nach Eintreffen in Flossenbürg sei er mit dem Angeklagten Huppenkothen zusammengetroffen, den er damals überhaupt erst kennen gelernt habe. Dieser habe ihn sodann auch mit dem Gegenstand des Verfahrens und mit den Personen, die dem Verfahren unterworfen werden sollten, bekannt gemacht. Er – Dr. T. – sei über das beabsichtigte Standgerichtsverfahren erstaunt gewesen; seine Vorstellungen seien bis dahin in ganz andere Richtung gegangen. Als ihm der Auftrag zur Anreise gegeben wurde, habe er sich vorgestellt, dass seine Berufung zum Vorsitzenden (anstelle des örtlich zuständigen Vorsitzenden des Nürnberger SS- und Polizeigerichtes) darin ihren Grund haben müsse, dass gegen eine höhere, der SS- und Poli-

zeigerichtsbarkeit unterstellte Person zu verhandeln wäre. Aus Rangrücksichten sei in solchen Fällen auch sonst der zuständige Inspektionsrichter zum Vorsitzenden bestellt worden. Seine Vorstellung sei konkret dahin gegangen, dass etwa gegen einen im Frontbereich straffällig gewordenen SS-Führer aus militärischen Gründen die Abhaltung eines Standgerichtes notwendig geworden sein könnte. Umso mehr sei er überrascht gewesen, dass er gegen – wenn auch ausgestoßene – Offiziere der Wehrmacht zu verhandeln hätte; als völlig ungewöhnlich sei es ihm erschienen, gegen einen Admiral und einen General zu verhandeln. Schließlich sei es ihm auch alsbald klar geworden, dass es sich nicht um die Aburteilung von eben begangenen Straftaten handelte, deren sofortige Ahndung mit Rücksicht auf die Aufrechterhaltung der Ordnung und der Sicherheit der Truppe erforderlich war, sondern dass es sich um die Aburteilung von Straftaten handelte, die in jedem Falle mindestens ein Jahr, teilweise bis zu fast sieben Jahren zurücklagen.

Sein erster Eindruck sei der gewesen, dass es sich hier um die »Bereinigung von Rivalitäten zwischen Wehrmacht und Partei« handle. Später sei er allerdings über das Verhalten der Offiziere, insbesondere über das kriegsverräterische Treiben, das in ihm habe Abscheu erregen müssen, erschüttert gewesen. Seine Bedenken, ob überhaupt ein aus SS-Führern zusammengesetztes Gericht zuständig sein könnte, habe er sodann Huppenkothen etwa mit den Worten mitgeteilt: ›Wie komme ich dazu, ein solches Standgericht abzuhalten?‹ Huppenkothen habe nun darauf hingewiesen, dass ein gleiches Standgericht bereits durchgeführt worden war und dass der darin tätige SS-Richter dergleichen Bedenken nicht geäußert hätte. Außerdem habe Huppenkothen mit Nachdruck darauf hingewiesen, dass ein Befehl des Führers vorliege, der jede Art von Gerichtsverfahren ohnedies decke.

Jedenfalls dieser letzteren Überlegung habe er – der Angeklagte Dr. T. – sich gebeugt; die Verantwortung für die Zusammensetzung des Gerichts habe – wie in allen militärgerichtlichen Verfahren – bei dem Gerichtsherrn gelegen. Überdies sei

Hitler Oberster Gerichtsherr sowohl der drei Wehrmachtsteile wie auch der SS- und Polizeiverbände gewesen. Da aber an dem Vorliegen eines Befehls Hitlers für ihn – den Angeklagten T. – nach den Darlegungen Huppenkothens kein Zweifel habe bestehen können, sei für ihn als SS-Führer jede weitere Erörterung überflüssig gewesen, da ein Befehl Hitlers nach seiner damaligen Haltung unumschränkte Geltung beanspruchen musste. Der Angeklagte Dr. T. behauptet in diesem Zusammenhange – im Widerspruch zur Einlassung des Angeklagten Huppenkothen –, dass ihm sogar ein schriftlicher Befehl von Huppenkothen vorgezeigt worden sei.«[24]

Über die Hinrichtung selbst wurden erst relativ spät Einzelheiten bekannt. Otto Thorbeck beteuerte, nicht dabei gewesen zu sein. Dass auch Huppenkothen nicht zugegen war, wollten die Richter jedoch nicht glauben. Erst kurz vor dem dritten Prozess, der vor dem Schwurgericht Augsburg stattfand, konnte einer der wichtigsten Zeugen ausfindig gemacht werden, der bei der Hinrichtung der fünf Männer von Anfang bis Ende zugegen war. Es handelte sich um den inzwischen 71-jährigen Lagerarzt von Flossenbürg, Dr. Hermann Fischer. Noch vor der Verhandlung gab er folgende Aussagen zu Protokoll:

»Die Hinrichtung von Admiral Canaris und den anderen Häftlingen fand am frühen Morgen [Anm.: am 9. April] *zwischen 6 und 7 Uhr statt. Canaris habe ich bereits vorher kennen gelernt. Ich hatte ihn einige Male in seiner Zelle im Arrestbau aufgesucht. Er bestritt jede Teilnahme an der Widerstandsbewegung und behauptete, seine Untergebenen seien dafür verantwortlich, dass er in die Sache mit hineingezogen wurde. Die weiteren Häftlinge, die mit Canaris hingerichtet wurden, waren mir nicht bekannt.*

Die Hinrichtung von Admiral Canaris hat sich in keiner Weise anders abgespielt als bei den vorangegangenen Exekutionen. Die Häftlinge mussten nackt auf eine Leiter steigen, dann wurde ihnen der Strick um den Hals gelegt und die Leiter weggezogen. Der Tod trat durch den Bruch des Genicks verhältnismäßig schnell ein …

Canaris wurde als Letzter hingerichtet. Baumgarten [Anm.: der Lageradjutant], *der bereits beim Anblick Bonhoeffers zynische Bemerkungen gemacht hatte, ließ auch jetzt eine schweinische Äußerung fallen. Die Hinrichtung dauerte eine halbe bis dreiviertel Stunde. Huppenkothen verhielt sich während der Exekution völlig ruhig …*«[25]

Diese Aussagen belasteten Huppenkothen schwer. Es sei ausgeschlossen, dass er sich täusche, behauptete Fischer und gab weiter zu Protokoll:

»*Im Kasino, wo Dr. Fischer in Abwesenheit des Kommandanten Rangältester war, hatte er Huppenkothen kennen gelernt (…) und ihm, da er ranghöher war, überdies aus dem RSHA kam, – dies alles war ihm bekannt – besondere Beachtung geschenkt. Seine Erinnerung daran, dass gerade Huppenkothen, den er auch heute einwandfrei erkennt – er habe sich kaum verändert –, bei der Hinrichtung zugegen war, ist absolut plastisch; der Zeuge erinnert sich mit aller Klarheit daran, dass er zusammen mit Huppenkothen – sich mit diesem über belanglose Dinge unterhaltend – nach der Hinrichtung durch das Lager zurückging.*

Dass der Zeuge keinen Grund hat, der Wahrheit zuwider Huppenkothen zu belasten, liegt auf der Hand. Mit Rücksicht auf die innere Wahrscheinlichkeit, dass Huppenkothen der Hinrichtung beiwohnte, und auch mit Rücksicht auf die ersichtliche Unsicherheit, die der Angeklagte Huppenkothen bei der Zeugenaussage Dr. Fischers an den Tag legte, hält es hiernach das Schwurgericht für einwandfrei nachgewiesen, dass der Angeklagte Huppenkothen, entgegen seiner Einlassung, der am 9. April 1945 morgens 6 Uhr erfolgten Hinrichtung der fünf Männer anwohnte.[26]

Vor Gericht fügte Fischer noch hinzu, dass er »erschüttert« gewesen sei, »… *in einem links neben dem Wachraum gelegenen Raum einen der Hinzurichtenden, der ihm auf Frage als ›Pastor‹ bezeichnet wurde, in nacktem Zustand kniend innig ins Gebet versunken zu sehen.«*[27]

Auch wenn das Gericht überzeugt war, dass Fischer die Wahrheit sagte – einige Ungereimtheiten bleiben doch. Abgesehen davon, dass Fischer den Totenkopfring der SS getragen hatte, so stehen seinen Aussagen jene des dänischen KZ-Überlebenden Morgensen entgegen, der damit allerdings erst 1993 an die Öffentlichkeit ging. Fischers Aussage, der Tod sei »verhältnismäßig schnell« eingetreten, erscheint danach in einem anderen Licht. Morgensen behauptete nämlich, in Flossenbürg habe es keinen Galgen gegeben, der durch Genickbruch einen schnellen Tod ermöglicht hätte. Stattdessen seien in der Mauer der Hinrichtungsstätte L-förmige Haken von ca. 70 cm Länge eingelassen gewesen. Unter dem Gewicht des Opfers gibt ein solcher Haken nach, so dass sich das Opfer langsam und qualvoll erdrosselt. Das würde auch erklären, warum die Hinrichtungen etwa eine Dreiviertelstunde in Anspruch nahmen. Allerdings – Beweise gibt es weder für die Behauptung Fischers noch für die Morgensens.

Zu viele Fragen bleiben offen – auch jene, warum Bonhoeffer und seine Gefährten nicht erschossen, sondern erhängt wurden. Die Tatsache, die Verurteilten nackt zu erhängen, widersprach sogar der gängigen Praxis in Konzentrationslagern. Wann dies entschieden wurde – ob dies bereits Bestandteil der Urteilsverkündung war oder ob dies ohne Wissen Otto Thorbecks geschah – auch darauf gibt es keine Antwort. Und wer entschied über die Art der Vollstreckung? Natürlich war das Erhängen eine besonders demütigende Art der Hinrichtung. Es war eine Frage der Ehre, ob man erschossen oder gehängt wurde. Das wusste auch Generalfeldmarschall

Wilhelm Keitel, als er im Oktober 1946 während der Nürnberger Prozesse zum Tode durch den Strang verurteilt wurde. Er protestierte und verlangte, erschossen zu werden, wie dies bei Offizieren üblich sei. Sein Einwand blieb – zu Recht – ohne Erfolg.

2. Der Prozess und seine Folgen

Die Alliierten und das NS-Rechtssystem

Nach dem Zusammenbruch des Deutschen Reiches nahmen zunächst die Alliierten die Regierungsgeschicke in die Hände. Die oberste Gewalt übte der Oberbefehlshaber der jeweiligen Besatzungszone aus. Er war nur gegenüber seiner Regierung Rechenschaft schuldig. Alle Angelegenheiten jedoch, die Deutschland als Ganzes betrafen, mussten von allen Besatzungsmächten im so genannten Kontrollrat gemeinsam entschieden werden. Dieser trat erstmalig am 30. Juli 1945 zusammen. Die vier Oberbefehlshaber waren: Marschall Georgi K. Schukow, der Eroberer Berlins, General Dwight D. Eisenhower, Oberkommandierender der britisch-amerikanischen Invasionsstreitkräfte in Europa, Feldmarschall Sir Bernard L. Montgomery und General Jean Joseph-Marie Gabriel Lattre de Tassigny. Keiner der Vier-Mächte-Vertreter konnte überstimmt werden; für alle Beschlüsse war Einstimmigkeit vorgeschrieben.

Die Sitzungen des Kontrollrats fanden im Berliner Kammergericht statt, dort, wo zuletzt der »Volksgerichtshof« unter Roland Freisler die Gegner des NS-Regimes verurteilt hatte.

Der Alliierte Kontrollrat entwickelte sich bald zu einer umfangreichen Bürokratie. Es gab zwölf Fachressorts, »Direktorate« genannt, denen die Aufgaben von Ministerien zukamen. Diese wiederum bildeten Kommissionen und Unterausschüsse, die Proklamationen, Befehle und Verordnungen entwarfen. Zu diesen Maßnahmen zählten auch die Kontrollratsgesetze, mit denen die Alliierten die Rechtsgrundlagen des Nationalsozialismus außer Kraft setzten und für eine neue juristische Ausgangsposition sorgten. Um die Hauptverantwortlichen zur Verantwortung ziehen zu können, verabschiedeten sie am 20.12.1945 das Kontrollratsgesetz Nr. 10, das den Tatbestand des »Verbrechens gegen die Menschlichkeit« einführte. Artikel II. c) definierte diese genauer: »*(…) Mord, Ausrottung, Versklavung, Zwangsverschleppung, Freiheitsberaubung, Folterung, Vergewaltigung oder andere an der Zivilbevölkerung begangene unmenschliche Handlungen, Verfolgungen aus politischen, rassischen oder religiösen Gründen, ohne Rücksicht darauf, ob sie das nationale Recht des Landes, in welchem die Handlung begangen worden ist, verletzen.*«

Der Tatbestand des »Verbrechens gegen die Menschlichkeit« entsprach der Idee des »gesetzlichen Unrechts«, die der Rechtsphilosoph und Strafrechtler Gustav Radbruch bereits 1946 entwickelte. Die Alliierten hatten ihn wieder in seine Professur in Heidelberg eingesetzt, die er durch die Nationalsozialisten verloren hatte. »*Wenn Gesetze*«, so schrieb er, »(…) *Menschenrechte (…) nach Willkür gewähren und versagen, dann fehlt diesen Gesetzen die Geltung, dann schuldet das Volk ihnen keinen Gehorsam, dann müssen auch Juristen den Mut finden, ihnen den Rechtscharakter abzusprechen.*«[28]

Damit reagierte Radbruch auf das weit verbreitete Argument, dass man niemanden für Handlungen strafrechtlich verurteilen könne, die zum Zeitpunkt der Tat mit dem geltenden Recht vereinbar waren. Radbruch wies darauf hin, dass herrschendes Recht auch Unrechtscharakter annehmen könne – wie im Falle der NS-Justiz – und dass die Juristen dann den rechtswidrigen Normen widersprechen müssten. Einer der wenigen Juristen, die diesen Mut aufbrachten, war Friedrich Justus Perels, der zusammen mit Dietrich Bonhoeffer auch gegen die Euthanasie und die Deportation von Juden protestierte. Nach dem 20. Juli 1944 wurde er als Mitwisser der Verschwörung verhaftet, gefoltert und zum Tod verurteilt.

Zwei Wochen nach Dietrich Bonhoeffer wurde Perels in der Nähe des Potsdamer Bahnhofs von einem SS-Kommando erschossen und verscharrt. Sein Sohn Joachim war zu diesem Zeitpunkt drei Jahre alt. Heute ist er selbst Jurist. Als einer der führenden Justizhistoriker in Deutschland hat er es sich zur Aufgabe gemacht, das dunkle Kapitel der Nachkriegsjustiz aufzuarbeiten.

Walter Huppenkothen und Otto Thorbeck zählten nicht zu diesen mutigen Juristen, sondern zu jenen, die dem Führer treu ergeben waren. Das überrascht, wenn man bedenkt, dass weder die Juristen noch die Justiz von Hitler geschätzt und geachtet waren. Der Diktator hielt nicht viel von ihnen, was nicht nur auf den Reichstagsbrand-Prozess zurückzuführen ist, der für die Nationalsozialisten äußerst unbefriedigend ausging. Der Hass Hitlers auf die Juristerei saß tiefer. Er hielt die Rechtslehre für *»nichts anderes als eine einzige große Systematik der Abwälzung der Verantwortung«*. Sein Ziel war es, das Studium der Rechte so *»verächtlich wie nur irgend möglich« zu machen.*[29] – Kein Wunder, dass Gustav Radbruch sofort nach der Machtübernahme seinen Hut nehmen musste! Noch deutlicher wurde Hitler in seiner Reichstagsrede vom 26.4.1942, in der er wetterte, die Justiz möge doch endlich begreifen, *»dass nicht die Nation ihretwegen, sondern dass sie der Nation wegen da ist, das heißt, dass nicht die Welt zu Grunde gehen darf, (...) damit formales Recht lebt«.*[30]

Möglicherweise war gerade diese Einstellung Hitlers der Grund dafür, dass sich die meisten Juristen im Dritten Reich eifrig bemühten, es dem Führer »recht« zu machen. Der Historiker Jörg Friedrich spricht davon, dass *»die Richterschaft in exakter Anwendung geltenden Rechts von 1941 bis 1945 mindestens 30.000 Personen tötete«.*[31]

Radbruchs Theorie des »gesetzlichen Unrechts« sorgte nach dem Krieg für eine heftige Debatte, vor allem deshalb, weil er auch den Befehlsempfängern eine persönliche Mitschuld anlastete. Das eigene Rechts- bzw. Unrechtsempfinden wertete er demnach höher als den Gehorsam einer Autorität gegenüber, der für die Ausübung eines Befehls vorausgesetzt werden muss. Otto Thorbeck schob die Last seiner persönlichen Verantwortung auf Huppenkothen ab; dieser wiederum sah sich als Befehlsempfänger Hitlers, respektive Kaltenbrunners. Nach Radbruch ist aber jeder Einzelne für sein Handeln verantwortlich – ein Denkansatz, den die zu übertriebener Folgsamkeit und Autoritätsgläubigkeit neigenden Deutschen sehr gewöhnungsbedürftig fanden, nicht aber die Alliierten. Wie die Nürnberger Prozesse zeigen, wurden auch die Handlanger des mörderischen Regimes persönlich als Täter schuldig gemacht und mit langen Freiheitsstrafen und sogar Todesurteilen bestraft. Diese Praxis stand im krassen Gegensatz zu späteren Verfahren, in denen die Täter nur noch als »Beihilfen« betrachtet wurden – wie auch Walter Huppenkothen und Otto Thorbeck. Heute würden sie – nach der Neufassung des Paragraphen 25 des Strafgesetzbuches – wiederum des Mordes und nicht nur der Beihilfe zum Mord angeklagt.

Das Kontrollgesetz Nr. 10 stellte sich eindeutig auf die Seite der Widerstandskämpfer. In Bezug auf den Prozess in Flossenbürg bedeutete dies, dass die NS-Justiz rechtswidrig gehandelt hatte. Noch deutlicher formulierte es die amerikanische Militärleitung im Bayerischen Gesetz Nr. 21 zur Wiedergutmachung nationalsozialistischen Unrechts: *»Politische Taten, die dem Nationalsozialismus oder Militarismus Widerstand geleistet hatten, sind nicht strafbar.«*

Die Normen, die die Alliierten aufgestellt hatten, wurden, wenn auch nicht von allen Gerichten, so doch vom Obersten Gerichtshof der britischen Zone beachtet. Es war das wichtigste Obergericht der damaligen Zeit und in seiner Funktion dem heutigen Bundesgerichtshof vergleichbar. Ein Jahr nach der Gründung der Bundesrepublik setzte ein Umdenken in der Bewertung der nationalsozialistischen Rechtsgrundlagen ein. 1950 stellte die SPD im Deutschen Bundestag den Antrag auf ein »Gesetz zur Wiedergutmachung nationalsozialistischen Unrechts in der Strafrechtspflege«. Ziel war es, das Handeln der Widerstandskämpfer im Dritten Reich im Nachhinein legalisieren zu lassen und alle Strafurteile für null und nichtig zu erklären, *»die allein auf politisch oder rassischen diskriminierenden NS-Gesetzen beruhten«.*[32] Dieser Antrag wurde von der Regierungsmehrheit abgelehnt. Justizminister Thomas Dehler, der selbst Kontakte zum Widerstand hatte und der sogar eine jüdische Frau durch das Dritte Reich brachte, meinte, das Gesetz sei eine Gefahr für das *»ganze Gefüge unserer Rechtsordnung«*. Außerdem sehe er keinen *»wirklichen Handlungsbedarf; wenn dieser eintrete, könne man immer noch etwas tun«.*[33]

Unfassbar bleibt auch, dass die Bundesregierung unter Konrad Adenauer den Artikel 7 Abs. 2 der Europäischen Menschenrechtskonvention nicht in die Rechtsordnung der Bundesrepublik übernehmen wollte, woran sich bis heute übrigens nichts geändert hat! Der Artikel besagt, dass die Verurteilung oder Bestrafung einer Person nicht ausgeschlossen werden darf, die sich einer *»Handlung oder Unterlassung«* schuldig gemacht hat, welche *»zur Zeit ihrer Begehung nach den von den zivilisierten Völkern anerkannten allgemeinen Rechtsgrundsätzen strafbar war«*.

Diese so genannte Nürnberg-Klausel der Europäischen Menschenrechtskonvention griff den Tatbestand des Verbrechens gegen die Menschlichkeit aus dem Kontrollratsgesetz Nummer 10 auf. Joachim Perels gibt zu bedenken: *»Wenn die Nürnberg-Klausel, also die Infragestellung der Rechtsordnung des Nationalsozialismus, unter rechtsstaatli-*

chen Gesichtspunkten nicht gilt, dann gilt die nationalsozialistische Rechtsordnung prinzipiell uneingeschränkt.«[34]

Dass dies nicht ohne Auswirkungen – auch für den Huppenkothen-Prozess – blieb, versteht sich von selbst.

Eine Schlüsselrolle spielte der ehemalige Justiziar der Nationalsozialisten, Werner Best. Er hatte die »Endlösung« der Juden mit zu verantworten und vertrat im Dritten Reich die Überzeugung, dass sich jegliches Individuum den Interessen des Staates zu beugen habe. Nach dem Krieg fand er rasch eine neue Aufgabe als Rechtsberater des FDP-Abgeordneten Ernst Achenbach. Werner Best bemühte sich nach Leibeskräften, die Aufarbeitung der unseligen NS-Vergangenheit zu verhindern. 1952 verfasste er eine Denkschrift, mit der er eine Kampagne zur Amnestie sämtlicher nationalsozialistischer Verbrechen in Gang setzte. Sie besagte, dass die Verbrechen des Dritten Reiches nicht mit anderen Verbrechen verglichen werden könnten. Diese »politisch motivierten Gewalttaten« hätten den Anspruch auf Amnestie. Achenbach begeisterte sich für Bests Elaborat und tat sein Möglichstes, um die Prozesse gegen die NS-Staatsverbrecher zum Stillstand zu bringen. Mit Erfolg. Von 1950 bis 1958 nahm die Verfolgung der NS-Verbrechen drastisch ab. Das änderte sich erst wieder mit der Gründung der Ludwigsburger Zentralen Stelle, die sich ab 1958 dieser Dinge annahm.

Das Verfahren gegen Huppenkothen und Thorbeck oder: Wie Ankläger und Richter zu Angeklagten werden

In dieser Situation begann das Huppenkothen-Verfahren, benannt nach dem Ankläger des Prozesses in Flossenbürg, das aber in der Folge auch den Richter Otto Thorbeck betraf. Der Auftakt fand 1951 – noch ohne Thorbeck – vor dem Landgericht München statt. Huppenkothen war von anderem Kaliber als Dr. Otto Thorbeck, weshalb er während der ganzen Prozesse die Sympathien der Richter nicht für sich verbuchen konnte. Als »entpersönlichte Dienstmaschine« bezeichnete ihn der Vorsitzende des Landgerichts München. Huppenkothen stand nicht nur wegen des Prozesses in Flossenbürg vor Gericht. Ihm wurden außerdem Aussagenerpressungen, Körperverletzungen im Amt und Folter zur Last gelegt. Dass er ein kaltblütiger Funktionär gewesen sein muss, belegen die Aussagen Fabian von Schlabrendorffs, der bei den Verhören im Reichssicherheitshauptamt die Hölle durchmachte. Da gab es die *»Handschraube«*, die *»mit zusammengebissenen Zähnen gerade noch zu ertragen war«*. Führte diese Methode nicht zum gewünschten Erfolg, kam das »Bettgestell« zum Einsatz, ein Gerät, durch das der Angeklagte entweder gestreckt oder durch spitze Dornen in die Unterschenkel gestochen wurde. Der Kopf steckte dabei in einer Art Topf, damit man die Schreie der Gequälten nicht vom 4. Stockwerk bis in den Hof oder auf die Straße hören sollte. *»Zwischendurch schlug man mich mit Bambusstöcken und Lederpeitschen, fesselte mich in Hockstellung und trat mich mit Füßen, und wenn ich ohnmächtig wurde, machte man mich mit einem Eimer kalten Wassers wieder ›lebendig‹«*, so Schlabrendorff.

Dementsprechend fiel das Plädoyer des Staatsanwaltes aus:

»Es sind immer die gleichen Gefühle, die jeden Menschen, der sich noch ein gesundes Rechtsempfinden bewahrt hat, bewegen, wenn – wie in den vergangenen Tagen dieses Prozesses – die düsteren Schatten der jüngsten Vergangenheit unseres Volkes aus ihrer dämonischen Tiefe emporsteigen und sich ein Abgrund auftut, in dem die menschliche Würde und Freiheit mit Füßen getreten wurde. Was uns überfällt, ist Abscheu und Entsetzen über das, was geschah, aber auch ein Gefühl der Scham, dass all diese Grausamkeiten in unserem Land, das schließlich zu den ältesten Kulturträgern der abendländischen Geschichte zählt, möglich waren.«[35]

Der Staatsanwalt bezeichnete das Reichssicherheitshauptamt als *»Haupt der entfesselten Dämonen«*, besonders nachdem die »Sonderkommission 20. Juli« geschaffen wurde. Den Angeklagten Huppenkothen hielt er für *»arrogant und überheblich«*, weil er darauf bestand, von all den Grausamkeiten gegenüber den Gefangenen nichts gewusst zu haben.

»Wenn Sie sich heute den Angeklagten ansehen, so glaube ich, dass es kaum ein besseres Beispiel dafür gibt, welche Verheerungen ein solches System in einem Menschen anrichtet, der sich ihm ganz und voll ausgeliefert hat. Es sind Menschen, die ihr Gesicht verloren haben, die herabgesunken sind zu seelenlosen Mechanismen eines dämonischen Nichts, die äußerlich vielleicht sogar noch eine ganz gut angestrichene Fassade haben, aber innerlich ein charakterliches Wrack darstellen. Auf der anderen Seite muss straferschwerend berücksichtigt werden, dass es wohl hauptsächlich der berufliche Ehrgeiz war, der ihn in diese Bahn hineintrieb – die Möglichkeit einer schnellen Karriere –, und dass er objektiv betrachtet nicht etwa der kleine Mann war, als der er sich immer hinstellt, sondern dass er doch

an maßgeblicher Stelle im Reichssicherheitshauptamt tätig war. Straferschwerend muss ihm auch zur Last gelegt werden, dass ich leider den Eindruck gewonnen habe, dass der Angeklagte genauso unbelehrbar ist wie vor fünf Jahren und dass ich mir vorstelle, dass er sich heute auf den gleichen Posten setzen könnte, unter den gleichen Voraussetzungen, ohne mit einer Wimper zu zucken. (…) Ich wiederhole nochmals: Wer diesen Pakt mit dem Teufel einmal eingegangen ist, der hat auch die Folgen zu tragen.«[36]

In seinem ersten Verfahren wurde Huppenkothen zunächst freigesprochen, mit der Begründung, er habe nur geltendes Recht angewandt und die Betroffenen hätten ja immerhin Hochverrat begangen. Auf diese Entscheidung reagierte der bedeutende Jurist Gerhard Leibholz mit Entsetzen. Er war aus der Emigration zurückgekehrt und inzwischen wieder als Professor für öffentliches Recht in Göttingen eingesetzt. Ihn beschäftigte das Verfahren nicht zuletzt aus persönlichen Gründen, war er doch mit Dietrich Bonhoeffers Zwillingsschwester Sabine verheiratet.

Der Staatsanwalt legte Revision beim Bundesgerichtshof ein – mit Erfolg. Im damaligen Senat waren einige Richter vertreten, die vorher am Obersten Gerichtshof in der britischen Zone beschäftigt gewesen waren und deren kritische Perspektive noch nicht verstellt war. Sie hielten die Vorgänge in Flossenbürg für einen Scheinprozess und verwiesen das Verfahren an ein anderes Schwurgericht des Landgerichts München I zurück. Nun wurde auch Otto Thorbeck mit angeklagt. An einen Freund, den er während der Kriegsjahre aus den Augen verloren hatte, schrieb er:

»Großhabersdorf, den 4.12.1951
Mein lieber Harald!
Das war heute eine Riesenfreude für mich, endlich seit 6 1/2 Jahren wieder ein Lebenszeichen von Dir zu erhalten. Wie oft habe ich in dieser Zeit an Dich gedacht und mit meiner Frau darüber gesprochen, und ob Du wohl noch am Leben bist und wo man Dich suchen könnte …

Als mein Name dann im Februar 1951 in allen Zeitungen erschien, da habe ich gehofft, daß sich noch mancher von den alten Bekannten bei mir melden würde, mit denen ich noch keine Verbindung wiederbekommen konnte. Es kam jedoch nur aus Amerika, gerade aus den USA, von einem Bekannten ein Brief, der meinen Namen in einer amerikanischen Zeitschrift gelesen hatte. Eigentlich wäre es doch für Dich gar nicht schwer gewesen, mich zu erreichen. In den Zeitungen hieß es doch allgemein, daß ich jetzt Rechtsanwalt in Nürnberg sei. Diese Anschrift hätte genügt, wie u. a. der Brief aus USA beweist. Nun, das ist ja jetzt gleichgültig. Die Verbindung zwischen uns ist hergestellt und soll jetzt nicht mehr abreißen.

Du mußt mir also umgehend eingehend von Deinem Schicksal ab 1945 berichten und mir schreiben, wie es Dir jetzt geht, ob Du schon verheiratet bist u. dergl. Um Dir ein gutes Beispiel zu geben, will ich heute einen solchen Bericht über mein Ergehen seit 1945 geben …

Mitte Juli 1944 kam ich nach Kurland als Korpsrichter und im Januar 1945 als Chefrichter nach München. Anfang April 1945 geriet ich in dieser Eigenschaft unglückseligerweise in die C[anaris]-Sache. Nach der Besetzung Münchens durch die Amerikaner schlug ich mich Anfang Mai 1945 zu meiner Familie nach Großhabersdorf durch, die ich dorthin schon im Herbst 1943 evakuiert hatte. Nach 3 Tagen wurde ich verhaftet und wanderte für 3 Jahre in Kriegsgefangenschaft und Internierung. 5 Lager in Bayern habe ich in dieser Zeit beehrt und so ziemlich alle, die Rang und Würden hatten, hierbei kennen gelernt. Im April 1948 wurde ich sodann nach Abschluß meines Entnazifizierungsverfahrens aus dem Lager entlassen und mußte zunächst noch eine ½-jährige Bewährungszeit als Minderbelasteter hinter mich bringen. Von Mai – November 1948 war ich deshalb als Gleisbauarbeiter hier an den Bahnstrecken tätig …

Ernstlich etwas anhaben wird man mir deswegen nichts, denn dass diese Leute Hoch- und Kriegsverrat getrieben haben, steht einwandfrei fest und wird auch im Schrifttum vom 20.7. in vielen Einzelheiten bekannt- und zugegeben. Verfahrensrechtlich war das von mir geleitete Gerichtsverfahren auch einwandfrei. Aber meine Beteiligung an diesem Verfahren genügte, um mir erst einmal einen Prozeß an den Hals zu hängen und mich beruflich für einige Zeit auszuschalten. Das genügt aber vollkommen, um mich wirtschaftlich kaputt zu machen. Das ist ja wohl auch das Ziel der Leute, die hinter der ganzen Sache stehen. Der Hauptakteur ist der bayerische Justizminister Dr. Josef Müller, der selbst Hauptmann bei der Abwehr war und Canaris unmittelbar unterstellt und ebenfalls in den 20.7. 44 verstrickt war. Ich habe persönlich nichts gegen die Leute vom 20. Juli. Ich bin sogar der Ansicht, dass uns und dem deutschen Volk möglicherweise viel erspart geblieben wäre, wenn sie Erfolg gehabt hätten. Die Hauptbeteiligten sind ums Leben gekommen und die Randfiguren, die es verstanden hatten, sich im Hintergrund zu halten, machen sich heute damit groß. Sie versuchen aus den Leuten vom 20. Juli 1944 das gleiche zu machen, was Hitler mit den Leuten vom 9.11.1923 gemacht hat, damit ein Abglanz dieser Verehrung auch auf sie fällt. Wie das Ganze für mich noch ausgeht, weiß ich heute noch nicht. Jedenfalls stehe ich mit vielen Leuten wegen dieser Angelegenheit in Verbindung, die leider nicht so einflußreich sind, wie es meine Gegenspieler heute noch sind. (…)[37]

Beide – Huppenkothen und Thorbeck – wurden im November 1952 freigesprochen, was die Staatsanwaltschaft veranlasste, erneut den Bundesgerichtshof anzurufen. Doch der nun zuständige Senat interessierte sich in erster Linie für einen Formfehler des Flossenbürger Prozesses.

Er rügte, dass 1945 keine Urteilsbestätigung erfolgt sei, und beauftragte diesmal das Landgericht Augsburg zur Überprüfung. Hier wurde der Prozess noch einmal gründlich aufgerollt, und erstmals erklärten die Richter die beiden Angeklagten für schuldig. Huppenkothen wurde zu sieben Jahren Zuchthaus verurteilt, Otto Thorbeck erhielt vier Jahre.

Den Höhepunkt dieser Prozesslawine bildete schließlich das Urteil des Bundesgerichtshofs vom 19. Oktober 1956. Denn diesmal waren es die Angeklagten, die Revision einlegten, was – zumindest im Fall Otto Thorbecks – von Erfolg gekrönt war. Er wurde freigesprochen; Huppenkothen wurde allerdings zu sechs Jahren Zuchthaus verurteilt.

Die ausführliche Prozessgeschichte ist dem Anhang zu entnehmen.

Das BGH-Urteil vom 19. Juni 1956 – ein dunkles Kapitel in der Justizgeschichte der Bundesrepublik Deutschland

Als Revisionsinstanz durfte der Bundesgerichtshof nicht selbst ermitteln. Er konnte nur prüfen, ob das Schwurgericht Augsburg den Sachverhalt richtig beurteilt hatte. Von den fünf Richtern, die im Senat vertreten waren, hatten zwei eine nationalsozialistische Vergangenheit: Ernst Mantel war 1934 am Sondergericht in München tätig gewesen; ab 1937 war er Obergerichtsrat, danach sogar Oberstkriegsgerichtsrat. Der andere, Ludwig Martin, hatte vor 1945 bei der Reichsanwaltschaft gearbeitet. Gemeinsam mit den drei anderen Richtern stellten sie sich auf die Seite Dr. Otto Thorbecks, weil er nichts anderes getan habe, als die damals »geltenden Gesetze« richtig anzuwenden. Die Radbruch'sche Theorie, die Nürnberg-Klausel – all das schien die Richter des Bundesgerichtshofs von 1956 überhaupt nicht mehr zu interessieren. Ob es sich bei den »geltenden Gesetzen« des Dritten Reiches um rechtsstaatliche Prinzipien handelte – diese Frage wurde im Grunde nicht weiter verfolgt. Man könnte fast meinen, der Senat hätte das Urteil des Augsburger Schwurgerichts nicht eines Blickes gewürdigt, denn an dem ordnungsgemäßen Ablauf des Flossenbürger Prozesses hegte er nicht den geringsten Zweifel. Im Gegenteil. Der Bundesgerichtshof scheute sich nicht einmal zu sagen, dass der nationalsozialistische Staat genau wie andere Völker *»das Recht auf Selbstbehauptung«* hatte, wenngleich die damaligen Gesetze *»nicht nur dem Schutze des deutschen Volkes und der deutschen Heimat, sondern in immer zunehmendem Maße zugleich der Aufrechterhaltung der Gewaltherrschaft der nationalsozialistischen Machthaber dienten«*.

Damit wurde Dietrich Bonhoeffer sozusagen zum zweiten Mal verurteilt. Sechs Richter hatten über ihn den Stab gebrochen: Otto Thorbeck und die fünf Richter des Bundesgerichtshofs, an deren Entscheidung nun nicht mehr zu rütteln war. Auch sie sahen in den Widerstandskämpfern Hoch- und Landesverräter – jedenfalls unter dem Aspekt der damaligen Gesetzgebung. Wohl wussten sie die *»edlen«* Motive zu würdigen, die Bonhoeffer und seine Mitverschwörer zum Handeln bewogen; letztlich sprachen sie ihnen jedoch das Recht zum Widerstand ab. Im Pathos der damaligen Zeit liest sich das so:

»Sie sahen sich vor die Wahl gestellt zwischen ihrer Gehorsamspflicht und dem Unterworfensein unter die damals gel-

tenden strengen Gesetze einerseits und zum andern den edler Gesinnung entsprungenen und höheren Zielen dienenden, den Mut zur Selbstaufopferung erheischenden Bestrebungen, die Gewaltherrschaft Hitlers zu beseitigen. Stand schon der Widerstandskämpfer selbst bei einem solchen Widerstreit vor schwerster sittlicher Entscheidung, so sieht sich der Richter, der heute darüber zu urteilen hat, inwieweit die Widerstandsbestrebungen und -handlungen im Sinne des Strafrechts – unter dem Gesichtspunkt des übergesetzlichen Notstands – gerechtfertigt waren, vor eine Aufgabe gestellt, die die Grenze dessen berührt, was mit den Mitteln irdischer Rechtsprechung entschieden werden kann. Es ist kennzeichnend, dass die Verlautbarungen zum Recht des Widerstands, soweit sie aus ernst zu nehmenden Kreisen stammen und demgemäß Beachtung verdienen, mindestens in der Frage auseinander gehen, ob den Widerstandskämpfern das Recht zuzubilligen ist, um der Beseitigung der Gewaltherrschaft willen Menschenleben von Unschuldigen zu opfern, z.B. durch Mitteilung bevorstehender militärischer Unternehmungen an den Gegner.«[38]

Die Auswirkungen dieser Entscheidung wogen schwer, diente sie doch als Grundlage ähnlicher Prozesse, z.B. im Verfahren gegen den Beisitzer am Volksgerichtshof, Hans-Joachim Rehse. 1968 wurde er vom Landgericht Berlin freigesprochen, das sich tapfer auf das Urteil des Bundesgerichtshofs von 1956 stützte. Mehr noch: Dieses Urteil lieferte gar die Basis dafür, dass sogar aus Roland Freisler, dem teuflischen Gerichtspräsidenten am Volksgerichtshof, posthum noch ein Saubermann wurde. Das Landgericht Berlin teilte der staunenden Öffentlichkeit mit:

»*Der Angeklagte* [Anm.: Rehse] *hatte weiter erklärt, er sei stets davon überzeugt gewesen, dass auch Freisler nicht das Recht gebeugt, sondern aus sachlichen Erwägungen in dem Bestreben Recht gesprochen habe, den Bestand des gefährdeten*

Reiches zu sichern. Das Schwurgericht kann dem Angeklagten diese Einlassung nicht widerlegen.«[39]

Welche ideologischen Verirrungen die Entscheidung des BGH von 1956 nach sich zogen, wird deutlich, wenn man bedenkt, dass Rehse als Beisitzer von Roland Freisler führende Widerstandskämpfer zum Tode verurteilte. Der Bekannteste unter ihnen war der Katholik Max Josef Metzger, der in einem Memorandum über die künftigen demokratischen Strukturen Deutschlands nachgedacht hatte. Metzger im Unrecht – Rehse und Freisler als Verkörperung des Rechtsstaats; diese Konsequenz ergab sich aus dem Urteil des Bundesgerichtshofs von 1956, das schließlich den Vorsitzenden Richter Dr. Oske am Landgericht Berlin im Fall Rehse maßgeblich beeinflusste.

Das Urteil des Bundesgerichtshofs von 1956 – ein Schandurteil, meint Heinz Ponnath. Wahrscheinlich waren sich die Richter ihrer Sache selbst nicht ganz sicher, denn entgegen den Gepflogenheiten wurde das Urteil weder in der amtlichen Sammlung des Bundesgerichtshofs noch in einer juristischen Fachzeitschrift veröffentlicht. Es entzog sich damit jedweder Kritik. Erst 1984 stieß der angesehene Würzburger Strafrechtler Günter Spendel auf das Verfahren und schrieb die erste große Auseinandersetzung. Heinz Ponnath, sein Schüler, holte vor einigen Jahren das Urteil aus der Versenkung, um es einer breiteren Öffentlichkeit zugänglich zu machen.

Otto Thorbeck als Corpsstudent 1933

Otto Thorbeck im Arbeitsdienst 1934

Hochzeit mit Ursula Bachmann 1939

Otto Thorbeck mit Sohn Uwe 1942

Otto Thorbeck mit einem Freund im Kaukasus 1943

Aufgenommen im Kaukasus 1942/43

Aufgenommen in Lettland 1944

Prozess in München 1952 (Otto Thorbeck / Walter Huppenkothen)

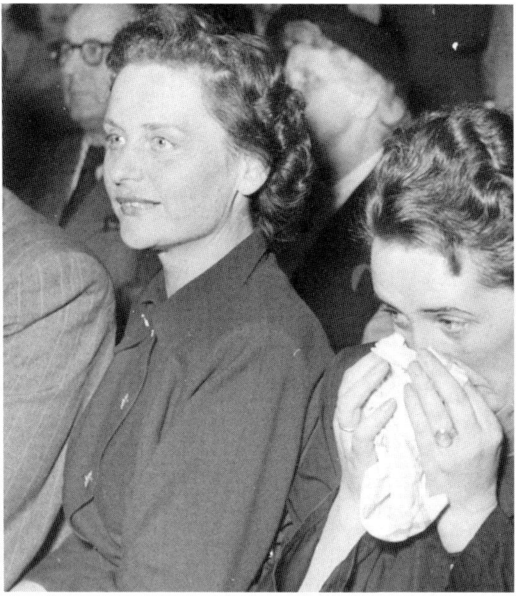

Prozess in München 1952
(Ursula Thorbeck / Erika Huppenkothen)

Prozess in Augsburg 1955
(Otto Thorbeck mit Rechtsanwalt Moser)

Prozess in Augsburg 1955 (Walter Huppenkothen, Otto Thorbeck)

Prozess in Augsburg
(Ankläger Hölper und die Richter Hegele und Brückner)

Erstes Familienbild nach dem Krieg
mit den Kindern Uwe und Dörte 1947 in Großhabersdorf

Otto Thorbeck mit den Kindern Uwe und Dörte 1948

Otto Thorbeck mit Hartmut auf Radtour 1955

Otto Thorbeck 1951 mit dem dritten Kind Hartmut

Otto Thorbeck mit den Kindern 1951

Otto Thorbeck mit den Kindern 1954

Otto Thorbeck mit seinem vierten Kind Michael 1965

Die Re-Integration der NS-Eliten

Deutschland stand nach dem Zusammenbruch des Dritten Reiches vor einem nicht zu unterschätzenden Problem: Die öffentlichen Stellen in der neu gegründeten Bundesrepublik mussten wieder besetzt werden – doch mit wem? Die Alliierten hatten darauf eine eindeutige Antwort: Die Funktionseliten aus der NS-Ära hatten auf den Stühlen des öffentlichen Dienstes nichts mehr zu suchen. Sicherlich war die Mitgliedschaft in der NSDAP noch nicht Garant für eine nationalsozialistische Gesinnung. Wer im Beamtenapparat Karriere machen wollte, trat Anfang 1933 schnell in die NSDAP ein. 1945 zählte sie achteinhalb Millionen Mitglieder. Doch selbst wenn man als Parteigenosse kein fanatischer Nazi war, so bewies die Mitgliedschaft dennoch, dass man keine Bedenken hatte, das fragwürdige Parteiprogramm zu unterstützen. Um zwischen Tätern, Mitläufern und Entlasteten zu unterscheiden, führten die Alliierten nach 1945 so genannte Entnazifizierungsverfahren durch. Voraussetzung dafür, dass entlassene Beamte in den Staatsdienst zurückkehren konnten, war, dass sie nicht als »Hauptschuldige« oder »Belastete« eingestuft wurden. Auch Otto Thorbeck musste sich während seiner Kriegsgefangenschaft diesem Verfahren unterziehen. Seine Frau gab am 30.9.1946 die folgende eidesstattliche Erklärung für ihn ab:

»Ich bin mit meinem Manne Dr. Otto Thorbeck, z. Zt. im Internierungslager Regensburg, von Jugend auf befreundet gewesen und kenne seinen persönlichen und politischen Werdegang genau. Als ich ihn 1930 kennen lernte, war er Unterprimaner des Spandauer Kantgymnasiums.

Bis 1933 hat er sich politisch überhaupt nicht betätigt, sondern ging ganz im Sport und bis zur Schulentlassung zu Ostern 1932 in den Gemeinschaftsaufgaben seiner Schule auf. Er war zunächst erster, dann zweiter Vorsitzender der Schulgemeinde, die in demokratischer Form die Schüler U II bis 0 I umfasste. Für die vorbildliche Erfüllung seiner Aufgabe erhielt er am Verfassungstage 1931 als einziger Schüler von seinem Direktor (Dr. Becker, SPD) als Anerkennung ein Buch mit der Widmung des Kultusministers Grimme.

Mein Mann hat bis 33 für den Naz. Soz. nichts übrig gehabt und es auch abgelehnt, 1933 PG [Anm.: Parteigenosse] zu werden. In seiner student. Korporation hat er wegen dieser Einstellung Schwierigkeiten gehabt und wurde schließlich, als er sich weigerte, die Hakenkreuzfahne auf dem Korporationshaus hissen zu lassen, als Chargierter abgesetzt.

Als auf Beschluss seiner Korporation sämtliche Angehörige 1933 NS-Formationen beitreten mussten, trat er in den Jungstahlhelm ein, um nicht der SA oder der SS beitreten zu müssen. Im Oktober 1933 wurde der Jungstahlhelm geschlossen in die SA übergeführt und mein Mann trat aus Abneigung gegen diese in die SS ein, nachdem viele seiner Bekannten und auch ich ihm klar gemacht hatten, dass er bei weiterem Abseitsstehen keine Möglichkeit hätte, in die so erstrebte Richterlaufbahn zu kommen oder seine Zulassung als Rechtsanwalt zu bekommen.

In der SS sahen wir damals die gemäßigtere Formation, die besonders auf Disziplin und einwandfreien Lebenswandel ihrer Mitglieder achtete. Mein Mann hat sich in der allgemeinen SS nie hervorgetan, er hatte nur den Wunsch, seine Berufsausbildung gründlich durchzuführen und recht bald zu beenden, damit wir heiraten konnten. Vor seinem Examen ließ er sich 1½ Jahre beurlauben und wurde daher auch nur zum Sturmmann befördert.

Nach seinem Referendarexamen im Juni 36 bewarb er sich um eine Anstellung im Forschungsinstitut der Luftwaffe, wurde aber abgelehnt, als er auf die Frage, warum er nicht der Partei angehörte, antwortete, dass er bis zu dem Zeitpunkt, wo ein Eintritt in die Partei möglich war, noch kein Naz.Soz. gewesen sei. Für uns war dieser Fehlschlag sehr schmerzlich, weil hierdurch unsere Eheschließung um Jahre verschoben wurde.

Am 1.5.37 trat mein Mann in die Partei ein, besuchte aber keine Versammlungen. Bei Kriegsausbruch meldete er sich, ohne milit. Übungen abgeleistet zu haben, zur Wehrmacht und wurde anfangs Okt. 39 gemustert. Wir rechneten zum 1.11. mit seiner Einberufung und heirateten am 11.11. Zu unserer Überraschung wurde er aber nicht zur Wehrmacht, sondern am 15.11. zu einem Infanterieregiment der Waffen-SS einberufen. Am 1.7.40 wurde er zum Hauptamt SS Gericht nach München versetzt und vom SS-Mann zum SS Oberscharführer und SS Hilfsrichter befördert. Innerhalb der SS Gerichtsbarkeit wurde mein Mann, nachdem er im August 41 zum Amtsgerichtsrat ernannt worden war, sehr schnell befördert. Januar 41 Untersturmführer, November 41 Obersturmführer, November 42 Hauptsturmführer, Januar 43 Sturmbannführer. Mein Mann hat aber dazu immer erklärt, dass in der SS-Gerichtsbarkeit nur auf Grund des Fachwissens befördert wurde und er dies nicht als milit. Aufstieg ansehe. Ich habe beobachtet, dass auch seine Kameraden, die durchweg aus Anwaltschaft oder Justiz kamen, sehr schnell befördert wurden, obwohl sie sehr häufig keine milit. Erscheinungen waren (ähnlich wie bei den Ärzten!).

Mein Mann war zum größten Teil mit rechtshistorischen Arbeiten beschäftigt gewesen und hat noch im Juli 44 in Göttingen mit einer Arbeit über das »norwegische Bauerntum« seinen Doktor gemacht. In andern Arbeiten hat er sich besonders für die volle Unabhängigkeit des Richtertums und eine wahre Gerechtigkeit im Staatsleben eingesetzt.

Durch die Zugehörigkeit meines Mannes zur SS haben wir nie irgendwelche Vorteile gehabt. Nicht einmal zu einer eigenen Wohnung sind wir gekommen. In einer Zeit, in der es noch nicht üblich war, dass 2 Familien in einer Wohnung untergebracht wurden, mussten wir, trotzdem wir Kinder hatten, unsere Dreieinhalb-Zimmer-Wohnung mit einem Ehepaar teilen, sodass wir nur 2 Zimmer hatten. Auch in der Evaku-

ierung hatten wir mit den größten Schwierigkeiten zu kämpfen. Ich wohnte 9 Monate in einer Baracke. Im vorigen Jahr wurde uns unsere Münchener Wohnung mit den Möbeln genommen, sodass ich mit meinen beiden kleinen Kindern nur noch das Nötigste zum Leben besitze. Fast alles, was ich mir in fünfeinhalbjähriger Berufsarbeit verdient und erspart habe, ist mir genommen worden. Fast immer war ich durch den Krieg von meinem Manne getrennt u. musste alles Schwere allein durchmachen. Für unseren guten Glauben, unsere Pflicht zu tun, sollten wir nun eigentlich hart genug gestraft worden sein.

Deshalb bitte ich, meinen Mann nicht in ein Arbeitslager einzuweisen, sondern ihm Gelegenheit zu geben, sich zu bewähren. Ich bin fest davon überzeugt, dass er sich vorbehaltlos in den Neuaufbau einfügt u. jederzeit bestrebt sein wird, auch durch freiwillige körperliche Arbeit sich nützlich zu machen, wie er dies in den Tagen seiner Rückkehr nach Großhabersdorf bis zu seiner Verhaftung getan hat. Er hatte sich damals ordnungsgemäß und offiziell in die Militärliste eintragen lassen u. daraufhin seine Lebensmittelkarte bezogen. Der damalige komm. Bürgermeister von Großhabersdorf, Herr B., der nach seinen Angaben wegen illegaler kommunist. Tätigkeit zwei Jahre im KZ war, hatte mit ihm eine lange Aussprache, nach der er von einer Verhaftung absah. Als ich wegen Vermögensaufstellung im vorigen Jahr in meine Münch. Wohnung musste, wurde ich von dem jetzigen Inhaber, einem polit. Häftling, der 5 Jahre in Dachau war, ebenfalls anständig behandelt, da er auf Grund unserer vorgefundenen Privatkorrespondenz uns genau kennen gelernt hatte und das Los, das uns betroffen hatte, eher bedauerte.

Da gegen meinen Mann keine besonderen Beschuldigungen außer der Zugehörigkeit zur SS erhoben werden können, hoffen wir nun bald ein neues Leben auf bescheidenster Grundlage gemeinsam beginnen zu können.

Ursula Thorbeck«[40]

Gegen die Säuberungsbestrebungen der Alliierten hatte der parlamentarische Rat in Bonn den Artikel 131 Grundgesetz aus der Taufe gehoben. Er sah rechtliche und finanzielle Entschädigungsansprüche für diejenigen Beamten vor, »*die aufgrund von (…) Nachkriegsereignissen hatten ausscheiden müssen*«.[41] Kein Zweifel – viele sahen sich als Opfer der veränderten politischen Verhältnisse. Ziel der Beamtenlobby war es daher, mithilfe des Gesetzes auch die Rückkehr in die alten Berufe zu ermöglichen. Das sollte letztlich auch gelingen. Schließlich – so der Chef des Beamtenbundes Hans Schäfer – sei »*Weiterverwendung*« für die öffentliche Hand »*in jedem Fall die billigste Lösung*«. Außerdem handle es sich zumeist um »*fachlich und charakterlich jahrzehntelang bewährte Beamte*« mit »*wertvoller Verwaltungserfahrung*«. Unter ökonomischen Aspekten sei es kaum akzeptabel, deren Kenntnisse brachliegen zu lassen.[42]

Als im Mai 1951 das Gesetz verabschiedet wurde, durften sich rund 150 000 Beamte, die durch Entnazifizierung ausgeschieden waren, über ihre Versorgungsansprüche und ihre Wiedereinstellung freuen. Auch schwer belastete Beamte konnten frohgemut in die Zukunft schauen. Gerade in der Justiz war eine fast durchgängige Übernahme der Richter aus dem ehemaligen Hitlerstaat zu beobachten. Beim Bundesgerichtshof waren nach neueren Untersuchungen etwa 80 % der angestellten Richter ehemalige NS-Richter. Auch im Bundesjustizministerium fanden fast alle zuvor Entlassenen den Weg zurück in den Justizdienst. Zwischenzeitlich saßen in der neuen Justiz mehr alte Parteigenossen als vor 1945.

Sie konnten nach dem Zusammenbruch des NS-Regimes beim Aufbau eines demokratischen Deutschlands nicht alle ausgegrenzt werden. Der Beamten- und Verwaltungsapparat zeichnete sich, wie schon 1918 und 1933, durch ein erstaunliches Beharrungsvermögen aus. Zur Erfolgsgeschichte der Bundesrepublik gehört aber zweifellos, dass – anders als in der Weimarer Republik – die Staatsdiener diesmal den demokratischen Staat akzeptierten.

Doch nicht genug damit. Durch eine Quotenregelung sahen sich die öffentlichen Verwaltungen sogar verpflichtet, Beamten des Dritten Reiches den Vorzug zu geben. Das bedeutete faktisch das Ende der Entnazifizierung im öffentlichen Dienst. Mehr noch: Durch diese Praxis wurden jene benachteiligt, die im nationalsozialistischen Unrechtsstaat ihre Ämter verloren hatten und aufgrund des Wiedergutmachungsgesetzes ihren Einstellungsanspruch geltend machen wollten. Sie hatten im Vergleich zu den einstigen NS-Bediensteten aber kaum noch eine Chance. Kanzler Adenauer plädierte dafür, nicht so *»pingelig«* zu sein und *»mit der Naziriecherei einmal Schluss zu machen«*. Er verwies auf das dringend benötigte Fachwissen dieser Beamten. Das erklärt auch, warum an höheren Gerichten mehr NS-Juristen saßen als an niedrigen. Dass der Wandel der Staatsform nicht automatisch einen Sinneswandel in den Köpfen dieser Beamten nach sich zog, versteht sich von selbst; ebenso die Tatsache, dass sich das nationalsozialistisch geprägte Denken bei der Urteilsfindung niederschlug.

Bonhoeffers späte Rehabilitierung

Wenn Dietrich Bonhoeffer 1998 noch gelebt hätte, hätte er als vorbestraft gegolten. Längst war er zum Aushängeschild der Evangelischen Kirche und zur Symbolfigur des Widerstands geworden. Doch je mehr seine Gestalt in den Mittelpunkt des allgemeinen Interesses rückte, umso mehr geriet das Unrechtsurteil gegen ihn in Vergessenheit. So richtig bewusst wurde dies den deutschen

Bundesbürgern, als 1982 der Film »Die weiße Rose« in die Kinos kam und großen Anklang fand. Der Abspann erregte jedoch fast mehr Aufsehen als der Film selbst, denn dort war zu lesen: »*Nach der Ansicht des Bundesgerichtshofs sind die Urteile gegen die Widerstandskämpfer der ›weißen Rose‹, die vom Volksgerichtshof gefällt worden sind, nach wie vor rechtsgültig.*«

Es gab endlose Debatten im Parlament und in den Zeitungen; schließlich wurden 1985 in einem langen Prozess die Urteile des berühmt-berüchtigten Volksgerichtshofes zu Verbrechen erklärt. Das war eine wichtige Vorstufe für die Rehabilitierung Bonhoeffers, um die sich nicht etwa die Evangelische Kirche bemühte, wie man erwarten könnte, sondern zwei private Initiativen.

1996 forderte die Berliner Robert-Havemann-Gesellschaft, eine Gruppe von Bürgerrechtlern um Bärbel Bohley, dass die Flossenbürger Todesurteile für null und nichtig erklärt werden sollten – stellvertretend für viele andere. Die »Initiative Gerechtigkeit für Dietrich Bonhoeffer« wurde nicht zufällig in der ehemaligen DDR ins Leben gerufen. Bonhoeffer kam dort als Vorbild des Widerstands über viele Jahre aktuelle Bedeutung zu. Außerdem wurden die »Wessis« von ihrer nationalsozialistischen Vergangenheit eingeholt, als sie sich vor dem Hintergrund der laufenden Prozesse gegen DDR-Juristen die unbequeme Frage gefallen lassen mussten: Wie können heute DDR-Juristen angeklagt werden, wenn doch keiner der ehemaligen NS-Richter verurteilt wurde? Ein Dilemma, das – wie der BGH selbst rückblickend beipflichten musste – »*ein folgenschweres Versagen bundesdeutscher Strafjustiz*« war.

Parallel dazu versuchte ein Kreis von Studenten und Lehrern der Evangelischen Fachhochschule Hannover, Bonhoeffers Rehabilitierung mit juristischen Mitteln zu erreichen. »*Die Justiz selbst soll ihre Fehler begreifen und kor-*

rigieren«, forderte damals Professor Karl-Heinz Lehmann. Er stellte beim Berliner Generalstaatsanwalt einen Antrag auf Wiederaufnahme des Bonhoeffer-Verfahrens, um die Aufhebung des Todesurteils und posthum Bonhoeffers Freispruch zu erreichen. Das war einfacher gedacht als getan, denn Justitia möchte, was einmal rechtskräftig entschieden wurde, möglichst unangetastet lassen. Die Strafprozessordnung verlangte daher neue Tatsachen oder Beweise, die eine solche Wiederaufnahme rechtfertigen würden. Diese waren im Fall Bonhoeffer jedoch nicht beizubringen. Lehmanns Antrag stützte sich stattdessen auf ein fast vergessenes Gesetz aus dem Jahr 1952, das es ermöglicht, die Urteile nationalsozialistischer Kriegs- und Sondergerichte überprüfen zu lassen. Diese Mühe sollte sich lohnen. 1998 hob der Deutsche Bundestag die Unrechtsurteile des nationalsozialistischen Justizsystems mit einstimmigem Beschluss auf und erklärte sie für rechtsungültig.

3. Leben mit der Schuld der Väter

1976. Hanna Thorbeck liegt im Krankenhaus. Sie erwartet ihr zweites Kind, und sie weiß, dass es eine sehr schwere Geburt werden wird. Da setzt sich am Abend eine Diakonisse zu ihr ans Bett und betet: »Von guten Mächten wunderbar geborgen, erwarten wir getrost, was kommen mag…« – Hanna Thorbeck beginnt zu weinen. »Haben Sie Angst vor morgen?«, fragt die Schwester. »Nein«, antwortet Hanna Thorbeck. »Aber Sie beten jetzt mit mir über meinem ungeborenen Kind das Gebet von dem Mann, den mein Schwiegervater zum Tod verurteilt hat.«

In diesem Moment wurde Hanna Thorbeck bewusst, dass das, was sich in Flossenbürg vor mehr als 30 Jahren zugetragen hatte, mit ihrer Familie, mit ihr selbst aufs Engste verknüpft war. Sie begriff, dass sie ein Glied in dieser Kette war, auch wenn sie »nur« die Schwiegertochter Otto Thorbecks war. Sie spürte, dass dieses Gedicht Bonhoeffers auch ihr galt – und ihrer Familie. Das Kind – ein Junge – kam gesund zur Welt. Otto Thorbeck rief seine Schwiegertochter in der Klinik an, um ihr zu gratulieren. »Ich bin ja so froh, dass alles so gut vorbei ist«, sagte er. Drei Tage später starb er. Für Hanna Thorbeck begann ein langer, schwieriger Prozess des Aufarbeitens.

Zwischen Hass und Liebe

Sie war 19, als sie ihren Mann kennen lernte. Uwe Thorbeck, der älteste Sohn Otto Thorbecks, verschwieg seiner künftigen Frau nicht, dass Dietrich Bonhoeffer durch seinen Vater zum Tod verurteilt wurde. Hanna kam aus einer Pfarrersfamilie, und natürlich hatte sie von Bonhoeffer gehört. Ihr Onkel, Karl Steinbauer, war selbst Pfarrer der Bekennenden Kirche und engagierter Widerstandskämpfer gewesen, der mit dem KZ Bekanntschaft gemacht hatte. Nie nahm er ein Blatt vor den Mund. Er fühlte sich »*nur Gott und dem Gewissen verpflichtet*«. Den Treueeid auf Adolf Hitler hatte er abgelehnt und sich beharrlich geweigert, einen Ariernachweis zu erbringen. Diese christlichen Familienbande machten Hanna ihren zukünftigen Schwiegereltern nicht unbedingt sympathisch. Die Stimmung im Hause Thorbeck empfand sie als bedrückend, was damals, 1960, auch mit den beengten Wohnverhältnissen zusammenhing, in denen die Familie lebte. Michael, das jüngste der vier Thorbeck-Kinder, war gerade geboren. Finanzielle Probleme, bedingt durch die langen Prozesse, kamen hinzu. In einem kleinen Vorort von Nürnberg hatte sich Otto Thorbeck als Anwalt niedergelassen. Während er in Untersuchungshaft saß, führte ein Kollege die notwendigsten Geschäfte weiter; aber auch er musste bezahlt werden. Die Einnahmen reichten jedoch kaum aus. Uwe Thorbeck vereinbarte Termine mit Mandanten und brachte seinem Vater die Post ins Untersuchungsgefängnis. Er erinnert sich noch gut daran, dass die Familie oft nicht mehr wusste, wovon sie leben sollte. Der pensionierte Lehrer überlegt, was wohl aus ihm geworden wäre, wenn der Bundesgerichtshof seinen Vater nicht freigesprochen hätte. Mit Sicherheit hätte er dann nicht studieren können, sondern einen Handwerksberuf erlernen müssen. »*Sehr wahrscheinlich hätte ich meinen Mann nie kennen gelernt*«, sagt Hanna Thorbeck. »*Es gäbe meine Kinder, es gäbe meine Familie nicht. Ich sehe es als das Leben an, das mir von Gott – auch unter diesen Bedingungen – geschenkt ist.*«

»Sehr wahrscheinlich hätte ich meinen Mann nie kennen gelernt«, sagt Hanna Thorbeck. »Es gäbe meine Kinder, es gäbe meine Familie nicht. Ich sehe es als das Leben an, das mir von Gott – auch unter diesen Bedingungen – geschenkt ist.«

Bonhoeffer selbst war davon überzeugt, dass dem Christen *»alle Dinge zum Besten dienen«* müssen. In seinem »Rechenschaftsbericht« plädierte er deshalb leidenschaftlich dafür, daran zu glauben, dass auch auf dem Boden des Bösen noch Gutes gedeihen kann. Denn Gott sei kein unpersönliches, unbeeinflussbares Schicksal, sondern einer, mit dem man reden könne und mit dessen Antwort zu rechnen sei. So sieht es auch Hanna Thorbeck.[43]

Die Frage, ob das Urteil des Bundesgerichtshofs richtig oder falsch war, stellt sich den Kindern Otto Thorbecks nicht so sehr. Ihrer Meinung nach hatte ihr Vater keine andere Wahl, als so zu handeln, wie es in Flossenbürg geschah. Nur Dörte Garde, die Tochter, ist davon überzeugt, dass Otto Thorbeck eine andere Entscheidung hätte treffen können und müssen. *»Wenn er bereit gewesen wäre, Leid anzuschauen, dann hätte er auch Mitleid gehabt«*, meint sie, doch dieses Gefühl sei ihm immer fremd gewesen.

Dörte schildert ihren Vater als einen Menschen mit auffallend ambivalentem Verhalten. Er war hart zu sich selbst und zu anderen. Aber es gab eben auch Szenen wie diese: Als einmal die ganze Familie krank war, baute Otto Thorbeck seiner Tochter in der Küche ein Bett aus zwei Stühlen und kochte für alle eine Suppe, obwohl er eigentlich nicht kochen konnte. Dörte fand das großartig. Ja, sie habe ihn »irgendwie« auch geliebt, sagt sie. Alle Thorbeck-Kinder erinnern sich an die vielen, ausgiebigen Wanderungen mit ihrem Vater, auf denen er ihnen beibrachte, wie schön es ist, die Vögel singen zu hören oder den Wechsel der Jahreszeiten zu erleben. Otto Thorbeck war ein leidenschaftlicher Gärtner, der sich wie ein Kind freuen konnte, wenn die Beeren reif waren. *»Das ist etwas, was wir alle von unserem Vater übernommen haben«*, sagt Dörte, *»die Liebe zur Natur und zum eigenen Garten.«*

Unverständlich ist ihr, dass sich ihr Vater über Jahre hinweg dem Regime anpasste und dass er nach dem Krieg nicht zu seinen Fehlern stehen wollte. Zu einer Auseinandersetzung mit seiner Vergangenheit kam es nicht. Seine Form von Bewältigung war es, auch nach dem Krieg krampfhaft am Faschismus festzuhalten, damit er nicht zugeben musste, dass er Mitspieler in einem großen Unrechtsregime gewesen war. *Sie* hätte nicht geschwiegen, sagt Dörte, und dabei blitzen ihre blauen Augen auf. *Sie* wäre auf der Seite der Widerstandskämpfer zu finden gewesen. Da ist sie sich ziemlich sicher. Schon als Kind habe sie nicht zu allem Ja und Amen gesagt, sondern sich zur Wehr gesetzt – auch gegen ihren Vater. Der habe sie oft geschlagen, meist wegen ganz banaler Dinge. So ließ sie einmal die Bemerkung fallen, sie würde am liebsten eine Bauernmagd werden, weil sie dachte, in der Landwirtschaft gäbe es immer genug zu essen. Das war der Auslöser für eine ordentliche Tracht Prügel. Als sie elf Jahre alt war, ohrfeigte ihr Vater sie zum letzten Mal. Dörte schlug mit einem Holzscheit zurück. Otto Thorbeck muss so perplex gewesen sein, dass er ihr nie wieder etwas tat.

Der Jähzorn seines Vaters machte auch Hartmut schwer zu schaffen: *»Man hat gemerkt, der sitzt auf was, der hat ganz viel angestaute Wut, und die kam manchmal dann sehr unangemessen raus.«* Das irritierte die Familie immer wieder, da Otto Thorbeck sonst immer sehr beherrscht, kühl und distanziert war – auch im Umgang mit den Kindern. Körperkontakt war weitgehend tabu und beschränkte sich meist aufs Händeschütteln.

Hartmut Thorbeck erfuhr erstmals im Konfirmandenunterricht, welche Rolle sein Vater im Nationalsozialismus gespielt hatte. Der Pfarrer zeigte Filme über Anne Frank und verschiedene Konzentrationslager. Hartmut war schockiert und begann zu fragen. Schrittweise wurde er mit der Wahrheit über seinen Vater konfrontiert. Immer wieder suchte er das Gespräch mit ihm; er wollte wissen, was in ihm vorgegangen war, als er das Todesurteil über Bonhoeffer und dessen Weggefährten sprach. Er warf ihm vor, ein Erfüllungsgehilfe Hitlers gewesen zu sein, einer, der tat, was man ihm sagte. Er habe zu wenig Rückgrat besessen und keine eigene Meinung gehabt. Warum stand er auf der Seite der Täter? Was hätte sein Vater riskiert, wenn er sich geweigert hätte, den Prozess in Flossenbürg zu führen? Wäre er selbst hingerichtet worden? Hätte es ihn, Hartmut Thorbeck, dann vielleicht nie gegeben?

Doch Otto Thorbeck wich den unbequemen Fragen seines Sohnes aus. Er leugnete, dass in den Konzentrationslagern systematisch Vernichtungsaktionen stattgefunden hatten. Beim Mittagessen fielen oft »*rassistische Sprüche*« wie »*Halbjude*« und »*Dreivierteljude*«; für Hartmut klang das so, als ob sein Vater damit sagen wollte, dass es sich dabei nur um einen halben bzw. nur um einen viertel Menschen handeln würde. Diese Denkweise war mit Hartmuts Vorstellungen so unvereinbar, dass seine Aggressionen gegen den Vater immer offener zu Tage traten. Hartmut begann, seinen Vater zu hassen. Er weigerte sich, die rechtsradikalen Jugendlager zu besuchen, die Otto Thorbeck für ihn ausgesucht hatte. Die Auseinandersetzungen endeten meistens damit, dass der Junge das Zimmer verließ und seine Wut und seine Enttäuschung mit sich allein auszumachen versuchte. Mühsam musste er als Erwachsener lernen, nicht gleich wegzulaufen, sondern im Gespräch zu bleiben.

Die Eltern waren für den Jungen von einem Tag auf den anderen zu Unmenschen geworden. Hartmut fühlte sich allein gelassen und zog sich in der Pubertät immer mehr in sich zurück. Genau wie seine Schwester »*verkroch*« er sich »*in die Bücher*« und versuchte, sich seine eigene Welt aufzubauen. Beide flüchteten sich in der Kindheit auch in die Vorstellung, nicht die leiblichen Kinder der Eltern zu sein. Hartmut bemühte sich, nicht nur politisch einen völlig anderen Weg einzuschlagen als sein Vater; er wollte auch charakterlich anders sein als er: sanft, nachgiebig, tolerant, verständnisvoll. Das ging so weit, dass er sich als Erwachsener überhaupt nicht durchsetzen konnte und nicht einmal eine einfache Bitte vorzubringen wagte. Die Arbeit als Betreuer im Erziehungsheim gab er deswegen auf und ging erst einmal zur Selbstfindung nach Indien. Doch in Deutschland holte ihn die Vergangenheit seines Vaters schnell wieder ein. Manchmal wurde sie für ihn zu einer schier unerträglichen Last. Dass sein Vater nichts bereute, sondern weiterhin ein »Nazi« blieb, der bis zu seinem Tod die NPD wählte, das war für Hartmut das Schlimmste. Er fühlte sich an Stelle seines Vaters schuldig. Ein Paradoxon, das viele »Täterkinder« kennen. Schuld- und Schamgefühle sind bei »Nazi-Vätern« selten zu finden; das wird ihnen von der zweiten Generation »abgenommen«, die damit völlig überfordert ist.

Psychotherapeutische Berichte über die Kinder der Täter sind eher selten zu finden. Der Psychoanalytiker Prof. Dr. Walter Pontzen führt dies darauf zurück, dass es den meisten Menschen in unserer Gesellschaft viel leichter fällt, sich mit den Kindern der Opfer zu identifizieren als mit den Kindern der Täter, *»zu denen man ja auch gehören konnte und kann«*.[42] Zwangsläufig müsste dann nämlich auch eine Identifikation mit den Tätern erfolgen. Dabei könnten wir aber entdecken, dass ein Teil ihrer Motive auch tief in unserem Unbewussten schlummert. Und damit möchten wir verständlicherweise nichts zu tun haben. Zu einer Aufarbeitung der eigenen Vergangenheit kam es in der Tätergeneration praktisch nicht. Scheinbar mühelos schlüpften viele in eine neue Rolle und versuchten, sich den demokratischen Gepflogenheiten anzupassen, oft ohne die alte Ideologie völlig aufzugeben. Sie wurde verdrängt und schwelte im Verborgenen weiter, gerade so viel, dass man sich nach außen hin nicht verdächtig machte. Zu einer radikalen Ausgrenzung der Täter kam es nur in sehr seltenen Fällen. Im Fall Thorbeck war es vor allem für die Kinder ein Spießrutenlauf, als Otto Thorbeck von der Polizei abgeholt wurde und man ihn in Untersuchungshaft brachte. Hartmut war damals vier Jahre alt. Seine Schwester Dörte wurde in der Schule als »*Mörderkind*« beschimpft, ohne den Grund dafür zu kennen. Man drohte ihr, sie mit Steinen zu bewerfen, sodass sie sich nicht traute, den üblichen Heimweg zu nehmen, sondern sich durch Gärten und Höfe schlich, um ungesehen nach Hause zu kommen. Dort saß die Mutter weinend in der Küche, weil sie von dem bevorstehenden Prozess erst aus dem Radio erfahren hatte und nicht fassen konnte, dass ihr Mann ihr von der ganzen Geschichte kein Wort erzählt hatte. Trotzdem hielt sie während des ganzen Prozesses zu ihm. Auch das war typisch: Die Frauen der Täter übernahmen ungefragt die Ideologie der Männer und hielten zumeist auch dann noch an ihr fest, wenn der Mann längst gestorben war. Für Zweifel oder Schuldgefühle blieb auch Ursula Thorbeck nicht viel Zeit, denn während der Abwesenheit ihres Mannes musste sie ganz allein für die Familie sorgen. An politischen Diskussionen beteiligte sie sich nie, auch dann nicht, als die Kinder in Opposition zu ihrem Mann gingen.

Otto Thorbeck konnte sich – trotz mancher Anfeindungen, die nach dem langwierigen Prozess nicht ausblieben – in dem kleinen Ort dennoch gut behaupten. Er erwarb sich den Ruf eines angesehenen und beliebten Anwalts. Das lag nicht zuletzt an der Tatsache, dass er allen half, die zu ihm kamen, auch wenn sie nichts oder nicht viel bezahlen konnten. Auch dabei wurde die Zwiespältigkeit seines Handelns deutlich. Da war auf der einen Seite der Rassist, der stolz auf seine arische Abstammung war und für den es immer noch »*Untermenschen*« gab. Auf der anderen Seite empörte er sich, dass man eine ausländische Familie in eine menschenunwürdige Kellerbehausung verfrachtet hatte und dafür auch noch Miete verlangte. Zusammen mit seiner Tochter verhalf Otto Thorbeck dieser Familie schnell zu einer neuen Wohnung. Dörte erinnert sich auch, dass sie als Erzieherin im Kindergarten viele Frauen kennen lernte, die sich von ihren Männern trennen wollten, was damals noch mit erheblichen Schwierigkeiten verbunden war. Doch Otto Thorbeck half ihnen zuverlässig, und das, obwohl sein Frauenbild äußerst negativ war. »*Frauen in unserer Familie sind entweder hübsch, oder sie sind hässlich und haben dafür Geld*«, pflegte er zu sagen. Dörte fühlte sich weder hübsch noch hatte sie Geld; unbewusst nahm sie sich vor, einmal nützlich und tüchtig zu werden. Auch die Behauptung ihres Vaters, dass Frauen ein kleineres Gehirn hätten und somit dümmer seien als Männer, war ihrem Selbstwertgefühl nicht unbedingt förderlich. Wäre es allein nach Otto Thorbeck gegangen, hätte sie nur die Hauptschule besuchen dürfen, doch ihre Mutter setzte es durch, dass sie die mittlere Reife machte. Das negative Selbstbild habe sie noch lange als erwachsene Frau mit sich herumgeschleppt, erzählt die Feministin. Doch damals fühlte sie sich durch die Aussagen ihres Vaters zutiefst verletzt – und überflüssig. In Sparta – so Otto Thorbeck – habe man Mädchen als unnütze Esser einfach ausgesetzt. In seinem nationalsozialistischen Denken waren Frauen nur gut zum »*Kinderkriegen*«. Doch das war Dörte zu wenig. Sie wollte nicht wie ihre Mutter zeitlebens abhängig sein von einem Mann – ohne eigene Meinung, ohne eigene Ziele, ohne eigenes Leben und ohne eigenes Geld. Sie war froh, als sie der bedrückenden Atmosphäre ihres Elternhauses durch ihre Internatszeit entfliehen konnte. Dort gelang es ihr, sich innerlich abzunabeln. Während dieser Zeit verstand sie sich etwas besser mit ihrem Vater. Er war der Einzige, die ihr jeden Sonntag schrieb. »*Meine Mutter brachte es fertig, Pakete ins Internat zu schicken, ohne einen einzigen Gruß beizulegen.*«

Später, als Dörte schon als Erzieherin arbeitete, hielt sie die Konfrontation zu ihrem Vater aufrecht. Manchmal geschah dies ohne Worte. Er legte ihr eine Soldatenzeitschrift auf den Nachttisch, woraufhin sie sich mit einer Ausgabe von »Pardon« revanchierte. Doch über den Prozess in Flossenbürg, über seine sonstigen Aufgaben im Krieg, über seine Zeit im Kaukasus wollte er mit niemandem reden.

In nahezu allen Täterfamilien spielte das Schweigen eine große Rolle. Walter Pontzen meint dazu:

»*Gefühle von Schuld, Scham und Trauer, die von der Elterngeneration verschwiegen werden mussten, werden jedoch zwangsläufig unbewusst an die nächste Generation weitergegeben, mit der Tendenz, dass viele Details der Vergangenheit verborgen bleiben.*«[44] So entsteht ein »*Klima von Entlastungsversuchen, Rechtfertigungen und Mystifizierungen*«.[45]

Die Frage nach der eigenen Schuld zu stellen, hätte mit großer Wahrscheinlichkeit Depressionen und Selbstverachtung ausgelöst – ein unerträglicher Gedanke für die Täter. So waren sie ständig bemüht, ihr Gesicht zu wahren. Die Fähigkeit, auch über das eigene Versagen trauern zu können, hätte eine offene Selbstkritik vorausgesetzt wie auch eine kritische Analyse des nationalsozialistischen Regimes. Doch dazu war man nach dem Krieg noch nicht in der Lage. Die Täter erlebten ihre fragenden Kinder als das leibhaftige »schlechte Gewissen«. Für die Kinder ging die bittere Erkenntnis, dass ihre Eltern in nationalsozialistische Verbrechen verstrickt waren, zwangsläufig mit dem Verlust der eigenen Persönlichkeit einher. Da ihre Eltern nicht in der Lage waren, über ihre Schuld zu reden, konnten die Kinder auch nicht begreifen, wieso die Eltern zu Tätern werden konnten. Die Identifikation mit den Eltern blieb somit aus. Sie wäre aber notwendig gewesen, um die Eltern mit ihrem Versagen und ihrer Schuld akzeptieren zu können. Da dies nicht geschah, konnten sich die Kinder letztlich auch selbst nicht annehmen. Viele haderten mit ihrem Schicksal, dass sie in eine Familie hineingeboren wurden, die sie nicht zu der ihrigen machen konnten und wollten. Mangelndes Selbstwertgefühl ist nur eine der daraus folgenden häufigsten Störungen in der Persönlichkeitsentwicklung.

»Mir wäre es auch lieber gewesen, wenn mein Vater auf der Seite der Widerstandskämpfer gestanden hätte und nicht auf der Seite der Täter«, sagt Michael, der jüngste Thorbeck-Sohn, und schnell fügt er hinzu: *»Mein Vater war kein typischer Nazi-Täter.«* Er war erst 16, als Otto Thorbeck starb. Für ihn, den Nachzügler, war die Auseinandersetzung mit der nationalsozialistischen Vergangenheit seines Vaters schon längst nicht mehr so bedeutsam wie für seine Geschwister. Viele Jahre hatte Otto Thorbeck an Parkinson gelitten. Die Krankheit war jedoch nicht der unmittelbare Auslöser für seinen Tod. *»Er wollte einfach nicht mehr«*, sagt seine Tochter. Denn ein kranker Mensch – das hatte Otto Thorbeck oft genug gesagt – führe ein *»unwertes Leben«*. In den letzten Jahren, die ihm noch blieben, suchte er wieder den Kontakt zur Kirche und zu einem ihm bekannten Seelsorger. Hartmut: *»Ich habe damals meinen Bruder gefragt, ob unser Vater vielleicht manche Dinge bereut hat. Wir haben uns überlegt: Was macht man nach einem solchen Leben, in dem man so viel Schuld auf sich geladen hat?«*

Eine Frage, die ohne Antwort blieb. Was in Otto Thorbeck wirklich vor sich ging, weiß niemand genau in der Familie. Dörte, die Tochter, hat es sehr irritiert, dass er plötzlich *»fromm«* wurde. Sie glaubt es bis heute nicht. Walter Pontzen gibt zu bedenken, dass die Kinder der

Täter oft mit ihren eigenen Wünschen in Konflikt geraten. Wie alle Kinder tragen auch sie das Idealbild des Vaters in sich, eines Vaters, der liebenswert und gütig ist. Dieses Bild möchte man »*wenigstens teilweise retten, z. B. durch die Fantasie, dass der Vater in letzter Minute (...) doch noch bereut habe und innerlich umgekehrt sei. Dies zeigt (...) das verständliche Bedürfnis, sich (...) der Reste eines guten Vaters zu versichern.*« [46]

Wer sich mit der eigenen Familiengeschichte aussöhnen will, muss bereit sein, sich der Spannung zwischen Hass und Liebe zur Person des Täters bewusst zu werden und diese auszuhalten. Meditation, Visionssuche und verschiedene Therapien waren notwendig, damit Hartmut Thorbeck die Vergangenheit seines Vaters akzeptieren und mit ihr leben konnte. Mit 44 Jahren besuchte er erstmals das KZ Flossenbürg und war erschüttert. Kurz zuvor hatte er noch einmal in allen Einzelheiten gelesen, wie die Hinrichtung vollzogen wurde. An dem Platz, an dem Dietrich Bonhoeffer und seine Gefährten den Tod fanden, hatte Hartmut ein Déjà-vu-Erlebnis. Einen ganz kurzen Moment meinte er, schon einmal an dem Ort gewesen zu sein. Flossenbürg war für ihn eine wichtige Station, das Trauma, das Kind eines Nazi-Täters zu sein, zu verarbeiten.

Kein Kyrie in Flossenbürg

Uwe Thorbeck hatte in seiner Jugend weit weniger Differenzen mit seinem Vater als seine Geschwister, vielleicht, weil er damals politisch noch nicht so engagiert war wie seine Geschwister im vergleichbaren Alter. Natürlich hatte auch er versucht, mehr von seinem Vater zu erfahren, doch das Thema wurde einfach tabuisiert. Einer seiner Freunde bekam von Otto Thorbeck einmal die barsche Antwort: »*Was versteht ihr jungen Leute denn, wie das damals war? Dazu sage ich nichts.*« Die Auseinandersetzung mit der Vergangenheit seines Vaters erfolgte sehr viel später, nämlich erst, als er seine Frau Hanna kennen lernte.

Nach Otto Thorbecks Tod übernahm Uwe Thorbeck die Prozessakten. Er verwahrte sie in einer Kiste auf dem Dachboden. Dort störten sie nicht. Sie waren weggeräumt – und ungelesen. Hanna Thorbeck hatte die Familiengeschichte seit der Geburt ihres zweiten Sohnes, der inzwischen 19 Jahre alt war, nicht mehr losgelassen. Aber auch sie verdrängte sie immer wieder. Anfang März 1995 – kurz vor Bonhoeffers 50. Todestag – holten Hanna und Uwe Thorbeck die Akten vom Speicher. »*Diese Nacht werde ich nie vergessen. Wir saßen und lasen. Manchmal stöhnte mein Mann auf, ohne es zu merken. Beide weinten wir. Es musste sein. Es konnte sein. Es war Zeit. Endlich.*«

Schon lange hatte Hanna Thorbeck den Wunsch verspürt, die KZ-Gedenkstätte Flossenbürg zu besuchen. Sie hoffte, dort einen Teil ihrer Trauer, ihres Leids und ihrer Reue ablegen zu können. In all den Jahren war ihr Bonhoeffer in seinen Texten oft begegnet, doch nie konnte sie unbefangen sein. »*Ich fühlte mich unschuldig-schuldig, auf eine Weise, die ich nicht erklären kann.*«

Dieses Gefühl verstärkte sich noch dadurch, dass jemand zu ihr sagte, ihre Familie stehe unter der Erbsünde. Die Vorstellung, dass Gott die Sünden der Väter *»heimsucht bis ins dritte und vierte Glied«*, belastete Hanna Thorbeck sehr.

Psychologen kennen die Theorie vom »dritten und vierten Glied«. Sie spielt vor allem bei den Nachkommen der Holocaust-Opfer eine große Rolle. Verfolgungstraumen, die nicht aufgearbeitet wurden, können noch in der Enkelgeneration zu schweren seelischen Störungen führen.[47] Gleiches gilt allerdings auch für die Kinder der Täter. Wenn die Schuld der Väter beiseite geschoben, beschönigt oder gar totgeschwiegen wird, werden Gefühle wie *»Scham, Schuld, Reue und der Wunsch nach Wiedergutmachung«*[48] an die nachfolgenden Generationen weitergegeben, so lange, bis einer den Teufelskreis durchbricht und die Vergangenheit zu bewältigen versucht.

Hanna Thorbeck sehnte sich nach Entlastung und Versöhnung. Doch sie hatte Angst, allein nach Flossenbürg zu fahren. Mit anderen Christen, so dachte sie, sei es leichter. Uwe Thorbeck war zu diesem Zeitpunkt noch nicht bereit dazu. Im April 1995 fand erneut eine Gedenkveranstaltung in Flossenbürg statt. Diesmal wollte die Evangelische Kirche den 50. Todestag Dietrich Bonhoeffers gebührend würdigen. Hanna Thorbeck bat darum, den Gottesdienst in Flossenbürg mit vorbereiten zu dürfen. *»Ich hatte ein ganz kleines Anliegen. Ich hatte einen Traum und hab' mir gedacht: Jetzt, in diesem Gedenkjahr, ein Kyrie eleison – Herr, erbarm dich – auch der Täter. Aber diese Bitte war zu groß für Flossenbürg.«*

Für die Pfarrerstochter Hanna Thorbeck war die Aufarbeitung der Vergangenheit nur auf dem Weg des christlichen Glaubens möglich. Im Kyrie eleison sah sie die einzige Möglichkeit, frei zu werden von der Erblast, die auf ihrer Familie lag. Sich öffentlich zur Schuld der Familie zu bekennen – dazu gehört Mut. Doch die Kirche lehnte ihre Bitte ab. Die Veranstaltung sei für die Opfer gedacht und nicht für die Täter, hieß es. Im Übrigen habe Otto Thorbeck nie Reue gezeigt. Dass dieses Ritual gerade deswegen für Hanna Thorbeck wichtig gewesen wäre, begriffen die Verantwortlichen damals nicht. Hätte Otto Thorbeck bereut, wäre diese Notwendigkeit seinen Nachkommen erspart blieben. Es kam zu heftigen Auseinandersetzungen, in denen Hanna Thorbeck häufig missverstanden wurde. Es ging ihr nicht darum, ihren Schwiegervater zu entschuldigen oder seine Tat zu verharmlosen, sondern darum, *»den barmherzigen Gott um seine Gnade für die Opfer und die Täter zu bitten«*. Doch in der Evangelischen Kirche blieb man hartnäckig. Mit Rücksicht auf die Angehörigen der Opfer, so hieß es, dürfe der Name Thorbeck in Flossenbürg nicht auftauchen. Was – so fragte sich Hanna Thorbeck – sind kirchliche Fürbitten wert, wenn sie nur in unverfänglichen Situationen gesprochen werden dürfen? Sie dachte an ihren Onkel, den Pfarrer Karl Steinbauer, der nach dem Krieg in seinen Gottesdiensten die Angeklagten der Nürnberger Prozesse regelmäßig in sein Fürbittegebet einschloss.

Was in Flossenbürg nicht möglich war, geschah in der Kirchengemeinde Roth. Pfarrer Eberlein hielt einen Gedenkgottesdienst für Dietrich Bonhoeffer, in dem Hanna Thorbeck ihr Kyrie-Gebet sprechen durfte. Doch dies war nur ein Schritt, die Vergangenheit ihres Schwiegervaters, die zu ihrer eigenen Vergangenheit geworden war, aktiv zu bewältigen. Während einer Tagung begegnete sie Eberhard Bethge. Es drängte sie, mit dem Freund Dietrich Bonhoeffers ein Gespräch zu führen. Doch Eberhard Bethge konnte sich dazu nicht überwinden.

Schon über ein Jahrzehnt zuvor hatte sie der Zwillingsschwester Dietrich Bonhoeffers, Sabine Leibholz-Bonhoeffer, einen Brief geschrieben und ihr erzählt, was sein Gedicht »Von guten Mächten« in ihrem Leben bewirkt hatte. Doch die ersehnte Antwort blieb aus.

Bonhoeffer zu ehren und gleichzeitig der Täter zu gedenken – das empfinden viele als Zumutung. Hanna Thorbeck ist sich dieser Gratwanderung bewusst. Auch innerhalb ihrer Familie konnten nicht alle verstehen, warum Hanna Thorbeck diese direkte Form der Aufarbeitung so wichtig war. Zu einem Eklat kam es, als sie von einem Pfarrer gebeten wurde, anlässlich des hundertjährigen Jubiläums einen Textbeitrag für die Festschrift des Friedhofs zu schreiben, auf dem Otto Thorbeck begraben liegt. Darin ging es um den geschichtlichen Hintergrund zum Grabstein ihrer Schwiegereltern.

»Wäre der Herr nicht bei uns, wenn Menschen wider uns aufstehen …!

Dr. Otto Thorbeck

26.08.1912 geboren in Brieg/Niederschlesien, aufgewachsen in einer preußischen Offiziersfamilie – 1932 Abitur am Kant-Gymnasium in Spandau – 1932 bis 1936 Studium der Rechtswissenschaften, Corpsstudent im Jungstahlhelm, später Mitglied der SS, Gerichtsreferendar – 1939 bis 1945 Kriegsdienst als Offizier und Richter, zuletzt Chefrichter der SS und des Polizeigerichts München I.

In dieser Eigenschaft hatte er den Befehl erhalten, den Vorsitz bei einem Standgericht in Flossenbürg zu übernehmen.

… so verschlängen sie uns lebendig, wenn ihr Zorn über uns entbrennt …«

1948 Entlassung aus dem Internierungslager – 1950 Niederlassung als Rechtsanwalt in Stein – 1952 bis 1955 in mehreren Prozessen wegen seiner Urteile angeklagt – 1956 vom Strafsenat des Bundesgerichtshofs freigesprochen – bis Dezember 1975 Rechtsanwalt in Stein – gestorben am 10.10.1976.

... Unsere Seele ist entronnen wie ein Vogel dem Netze des Vogelfängers. Das Netz ist zerrissen, und wir sind frei. Unsere Hilfe steht im Namen des Herrn, der Himmel und Erde gemacht hat.

Die Akten des Richters, des Angeklagten, des Rechtsanwalts Otto Thorbeck sind geschlossen. Die Urteile, die er fällte, sind nichtig geworden wie auch die Urteile, die über ihn gefällt wurden. Nichtig geworden sind sie durch den Tod und die Gnade, die wir von ›Höchster Instanz‹ erhoffen.

›Von guten Mächten wunderbar geborgen ...‹ weiß ich sein Leben. Es sind die gleichen Arme, in die der Richter und die von ihm Verurteilten gefallen sind. Darauf vertraue ich.

Hanna Thorbeck«

Viele, die nicht wussten, auf welche Weise das Bonhoeffer-Gedicht »Von guten Mächten« mit Hanna Thorbeck verbunden war, waren entsetzt. Der Text war durch notwendige Kürzungen entstellt und missverständlich geworden. »Blasphemie« wurde ihr vorgeworfen, weil sie angeblich die »guten Mächte« für ihren Schwiegervater erbeten habe. Ungern erinnert sich Hanna Thorbeck an diese Zeit. Heute würde sie dem Text noch hinzufügen: *»Beide sind in das Netz des Nationalsozialismus geraten – Otto Thorbeck durch seine Hörigkeit, Dietrich Bonhoeffer durch seinen Widerstand.«* Aber auch heute ist Hanna Thorbeck davon überzeugt, *»dass es wirklich die gleichen Hände sind, in die beide gefallen sind«*.

Sehnsucht nach Vergebung ist ein Grundbedürfnis des Menschen, und zwar nicht nur des Christen. Im Bereich der Psychologie, der Pädagogik und der Soziologie entstehen immer mehr wissenschaftliche »Studien zur Vergebung«. An ihnen beteiligen sich Seelsorger, Sozialarbeiter, Psychiater und Psychologen. Der Gründer des Internationalen Instituts zur Vergebensforschung, Dr. Robert Enright, erklärt dazu: »*Wir finden jetzt mit wissenschaftlichen Methoden heraus, was wir seit Tausenden von Jahren hätten wissen können: Vergebung tut seelisch und körperlich gut.*« Der Psychologe hat sein Institut 1994 gegründet und steht immer wieder vor neuen Überraschungen. »*Ich habe gute Resultate mit Atheisten genauso wie mit gläubigen Christen erzielt*«, sagt er. Wichtig sei, für das Geheimnis der Vergebung offen zu sein und nicht so sehr auf die eigene Geschichte zu schauen.

Robert Enright arbeitet mit Vergewaltigungsopfern, aber auch mit Menschen aus Belfast und anderen Krisengebieten, bei denen sich ein langjähriges Feindbild aufgebaut hat. Dabei setzt er vor allem auf die nachfolgende Generation, da Kinder leichter vergeben können als Erwachsene. »*Erziehung zur Vergebung ist lebenswichtig*«, so Enright. Je länger sich Hassgefühle im Menschen festsetzen können, umso schwerer fällt es offensichtlich zu vergeben. Vergeben bedeutet nicht vergessen, verharmlosen oder entschuldigen zu wollen, was einem angetan wurde. Vergebung bedeutet: das Böse mit Gutem zu erwidern. Nicht der Täter soll verurteilt werden, sondern die Tat. Die Schuld wird immer bestehen bleiben; das Unrecht, das dem anderen angetan wurde, kann niemand ungeschehen machen.

Eine Therapie der Vergebung braucht Zeit. Schnelle Erfolge sind nicht zu erwarten, so Dr. Enright. Großen Wert legen er und seine Mitarbeiterinnen und Mitarbeiter daher auf die Phase der »kognitiven Vergebung«. In diesem Stadium braucht sich der Betroffene demjenigen, der ihn verletzt hat, noch nicht zu nähern, aber er sollte an den ganzen Menschen denken und nicht nur an seine

Fehler und seine Schuld. Wer vergibt, kann die Uhr nicht zurückdrehen und den Schmerz nicht ungeschehen machen. Zur Therapie der Vergebung gehört es zu lernen, den zugefügten Schmerz zu ertragen. Am Ende fühle sich nicht nur derjenige, dem vergeben wird, erleichtert, sondern auch derjenige, der vergibt. Vergebung sei ein Aspekt, den die Friedensbewegung fast vollständig ignoriert habe, obwohl es ohne Vergebung keinen dauerhaften Frieden geben könne, meint der Psychologe. Selbst den Menschen, die beim New Yorker Terroranschlag am 11. September ihre Angehörigen verloren haben, traut (und mutet) Enright zu, den Tätern zu vergeben.

»*Anderen zu vergeben ist nichts Einmaliges, ist nicht wie das Anzünden eines Lichtes in der Dunkelheit. Für viele von uns nimmt Vergebung die Form des Kreuzes an. Es handelt sich dann um unser Kreuz, das wir wegen der vielen, die uns verletzt haben, auf uns nehmen. Das erfordert Geduld mit uns selbst und Zeit. Wir lernen viel, wenn wir das Gewicht und den Schmerz des Kreuzes auf uns nehmen. Aus diesem Grund frage ich diejenigen, die nicht vergeben können: ›Bist du bereit, herauszufinden, was Vergebung ist und was es nicht ist?‹ Diese Frage drängt nicht, dem anderen zu vergeben, sondern einmal zu schauen, was es mit Vergebung auf sich hat.*

Demjenigen, der die ganze Dimensionen der Vergebung bereits kennt, stelle ich folgende Frage: ›Bist du bereit, grundsätzlich an die Möglichkeit zu denken, demjenigen zu verzeihen, der dich verletzt hat? Willst du dich bemühen, diese Person nicht zu verletzen?‹ Diese Frage fordert von niemandem, den Übeltäter zu lieben. Vielmehr dient sie dazu, vom Negativen in einem selbst loszukommen und den Wunsch, es dem anderen heimzuzahlen, in Frage zu stellen.

Dann kommt die nächste Frage: ›Wünschst du der betreffenden Person das Gute?‹ Diese Frage führt in eine positive Richtung. Wenigstens zum vielleicht unreflektierten Wunsch, dass es jetzt um das Wohl eines anderen Menschen geht. Alle diese

Fragen sollen denjenigen, der verletzt worden ist, zur Liebe zurückführen und zur Liebe bewegen. Wenn er aber dennoch nicht dazu bereit ist, zu vergeben, so muss sein nachdrücklich ausgesprochenes Nein am heutigen Tag nicht notwendigerweise das letzte Wort sein. Er kann sich morgen ändern.«[49]

Was aus Walter Huppenkothen wurde, nachdem er seine Strafe verbüßt hatte, ist in mehr oder minder dichtes Dunkel gehüllt. Seinen Beruf als Anwalt habe er nicht mehr ausüben dürfen, berichtet die Frau seines Vetters, B. Huppenkothen. Im Telefongespräch hält sie sich bedeckt. Der Name Huppenkothen sei damals sehr in Verruf geraten. Auch ihr nun verstorbener Mann habe darunter gelitten. Der Kontakt zu Walter Huppenkothen sei damals abgebrochen. Die Suche nach weiteren Verwandten oder gar Nachkommen erweist sich als äußerst schwierig. Die Spur führt ins Rheinland und ins benachbarte Ausland. Doch sobald der Name »Walter Huppenkothen« fällt, reagieren viele unwillig und ablehnend. Man habe nichts mit ihm zu tun, ist die stereotype Antwort. Offensichtlich fand hier – anders als in der Familie Thorbeck – eine Auseinandersetzung mit der Vergangenheit nicht statt.

Eine Frage bleibt – die Frage, was Dietrich Bonhoeffer vor seiner Hinrichtung wohl gebetet hat. Ob er in diesen letzten Minuten daran dachte, was er Jahre zuvor in seiner »Nachfolge« über die Feindesliebe schrieb?

»Im Gebet treten wir zum Feind (…) und (…) vor Gott für ihn ein.« Der Feind ist der, so Bonhoeffer, »der mir nichts vergibt, wenn ich ihm alles vergebe«. Dabei ist es gleichgültig, ob der Widersacher politische oder religiöse Motive hat. Was der Christ ihm schuldet, ist Liebe, und das umso mehr, je mehr sein Feind ihn hasst. Der Fürbittende fragt nicht danach, ob der, der ihn verfolgt und beleidigt, seine Einstellung ändert. Er tut, was der Feind selbst nicht tun kann noch will: Er betet. Stellvertretend tritt der Nachfolger Jesu für seinen Feind vor Gott und bittet für ihn um Vergebung. Wer so beten kann, ist frei in seiner Liebe. Das Gebet verbindet sie miteinander; es macht den Beter unbesiegbar und seine Liebe »unüberwindlich«. Solche Liebe ist nicht davon abhängig, was der Feind denkt und tut. Sie interessiert sich nur für die Frage: Was hat Jesus getan?[50]

4. Kleiner Exkurs in die Psychologie oder: Fast jeder von uns hat das Zeug zum Täter

Die Frage, die sich uns heute stellt, muss lauten: Warum werden die einen zu willigen Handlangern eines Regimes und die anderen zu Widerstandskämpfern? Warum gab es nicht mehr Menschen wie Dietrich und Klaus Bonhoeffer, Rüdiger Schleicher, Hans von Dohnanyi und all die vielen anderen, die ihr Leben riskierten und die dennoch in der Minderheit blieben? Anstatt die Täter posthum zu verurteilen, ist es unerlässlich, sich um Verstehen zu bemühen. Dieses »Verstehen« bedeutet nicht, ihr Handeln entschuldigen oder bagatellisieren zu wollen. Ihr Handeln muss allerdings auch in dem sozialen und ideologischen Umfeld betrachtet werden, in dem es stand.

Eisenhower sprach aus, was viele im Krieg immer und immer wieder verwundert an sich feststellen mussten: dass der Mensch nicht mehr Herr über sich selbst ist, wenn er einmal zu Gewalt greift. Es gibt keine Grenze. Man weiß nicht, wie weit man gehen wird. Gewalt ist wie ein Sog, von dem man sich immer tiefer hineinziehen lässt. Der Philosoph und Psychoanalytiker James Hillman spricht von der *»faszinierenden Liebe zum Krieg«*. Diese Erkenntnis ist frappierend und unbequem zugleich. Liebe und Krieg, genauer gesagt, die Liebe *zum* Krieg, gehören untrennbar zusammen wie Ares und Aphrodite oder wie deren römische Pendants Mars und Venus. Das klingt wie ein Paradoxon; schließlich leiden die Menschen überall auf der Welt unter dem Krieg. Er wird verabscheut und beklagt, und doch übt er eine ungeheure Anziehungskraft aus. Dies offen zuzugeben ist weitgehend tabu. Man müsse sich jedoch – so Hillman – der Faszination des Krieges erst bewusst sein, um Kriege zukünftig verhindern zu können.[51]

Es gibt allerdings kaum einen rationalen Grund für diese Hoffnung.

Die Realität sieht so aus, dass wir Krieg und Gewalt *nicht* dauerhaft verhindern können. Daher ist es notwendig, sich bewusst zu machen, dass Menschen in Extremsituationen anders reagieren, als dies unter normalen Umständen der Fall wäre.

Der Gedanke mag ärgerlich erscheinen, doch Otto Thorbeck verhielt sich so, wie sich die meisten von uns in einer vergleichbaren Situation verhalten hätten und – der Gedanke liegt nahe – jederzeit wieder verhalten würden. Jeder von uns hat das Zeug zum Täter. Selbst jene Männer, die für die »Endlösung« in Polen zuständig waren, waren von Natur aus keine infernalischen Bestien, sondern *»ganz normale Männer«* – wie uns Christopher Browning anhand des Polizeibataillons 101 erschreckend vor Augen führt.[52] Im Alltag liebende Ehemänner und treu sorgende Väter, wurden sie plötzlich zu Massenmördern, weil man es ihnen so befahl. Das Töten wurde zur Routine, zu einem Job, den sie zu erledigen hatten. Die Nazi-Täter waren keine Sonderfälle der menschlichen Natur.

»Es ist die Regel und nicht die Ausnahme, dass Böses aus normalem Denken erwächst und von normalen Menschen begangen wird«,[53] sagt der Psychologe Erwin Staub.

Unnormal, wenn man so will, sind die Menschen, die sich Autoritäten widersetzen und einen eigenen Standpunkt vertreten. Sie sind die Ausnahmen, wissen aber oft selbst nichts von ihrer verborgenen Stärke, solange sie ihre Fähigkeit nicht auf die Probe stellen müssen. So sieht es jedenfalls der polnische Soziologe jüdischer Abstammung Zygmunt Baumann. Er ist davon überzeugt, dass die meisten Menschen in einer Gesellschaft die Rolle spielen, die ihnen zugewiesen wird. Grausamkeit, Unmenschlichkeit und Härte haben seiner Meinung nach ihren Ursprung meist nicht in der Persönlichkeit, sondern in der Soziologie des Täters.[54] Auch Adolf Eichmann, der Organisator der Judenvernichtung, sah sich von der persönlichen Gewissensbindung befreit, sobald er einen Befehl erhielt: *»Meine Prinzipien konnten nicht* *mehr gelten, wenn mir ein Vorgesetzter etwas befahl. Die Verantwortung für meine Taten liegt daher nicht bei mir, sondern bei der Obrigkeit«*, wiederholte er mehrfach während seines Jerusalemer Prozesses.

Die Abwälzung der eigenen Verantwortung ist eines der häufigsten Argumente, mit denen Täter ihr Verhalten zu entschuldigen versuchen. Auch Otto Thorbeck wies eine persönliche Mitschuld oder ein eigenes Fehlverhalten weit von sich. Die Frage, was passiert wäre, wenn Otto Thorbeck sich geweigert hätte, den Vorsitz des Prozesses zu übernehmen, lässt sich nicht eindeutig beantworten. Angesichts der Tatsache, dass die Amerikaner schon 40 km vor Flossenbürg standen, ist allerdings zu bezweifeln, ob überhaupt eine Bestrafung erfolgt wäre, zumal der Richter triftige Gründe gehabt hätte. Er hatte Einwände gegen diese Art des Verfahrens und protestierte auch. Die Antwort, warum er dennoch wider besseres Wissen handelte, liest sich im Protokoll so:

»Außerdem habe Huppenkothen mit Nachdruck darauf hingewiesen, dass ein Befehl des Führers vorliege. (…) Jedenfalls dieser letzteren Überlegung habe er – der Angeklagte Dr. T. – sich gebeugt; die Verantwortung für die Zusammensetzung des Gerichts habe – wie in allen militärgerichtlichen Verfahren – bei dem Gerichtsherrn gelegen.«[55]

Otto Thorbeck ist ein signifikantes Beispiel für jene Haltung, die der Psychologe Stanley Milgram als *»Gehorsamsbereitschaft gegenüber Autoritäten«* beschrieb. Diese *»tief verwurzelte Verhaltenstendenz«* machte in der Sozialisation des Menschen durchaus Sinn. Das Überleben in der Gruppe war nur gewährleistet, wenn die Anweisungen von höher stehenden Personen befolgt wurden. Die Gefahren übertriebenen Gehorsams wies Milgram in den 60er Jahren in einem Aufsehen erregenden Experiment an Amerikanern nach. Das schockierende Fazit: Drei Viertel der Durchschnittsbevölkerung können ohne

Zwang dazu gebracht werden, einen unschuldigen Menschen zu quälen, ja sogar zu töten – allein auf Grund der Tatsache, dass ihnen eine vermeintliche Autoritätsperson dies befiehlt. Auslöser für dieses Experiment war die Meinung der emigrierten Jüdin Hannah Arendt, Eichmann sei kein sadistisches Monstrum, sondern habe lediglich aus einem Gefühl der Verpflichtung heraus gehandelt. Diese Behauptung ließ Milgram keine Ruhe. Sollte Gehorsam der Grund dafür sein, dass so viele Menschen unter dem NS-Regime bereit waren, das Leben anderer Menschen auszulöschen?

Das Experiment verlief nach einem ausgeklügelten System. Den freiwilligen Teilnehmern wurde von einem vermeintlichen Wissenschaftler erklärt, man wolle untersuchen, welche Auswirkungen Bestrafung auf das Lernen hat. Dazu müssten sie einer anderen erwachsenen Person Wortpaare vorlesen und die Merkfähigkeit des »Schülers« testen. Bei jeder falschen Antwort sollten sie Elektroschocks von steigender Intensität verabreichen. Die Versuchspersonen wussten natürlich nicht, dass der »Schüler« von einem Schauspieler dargestellt wurde, der auf die Elektroschocks mit Bitten, Jammern, Hilferufen, Schmerzensschreien und letztlich sogar mit Totenstille reagierte. Das Ergebnis war erschütternd. Die große Mehrzahl der Versuchspersonen ging bis zum Ende der Skala (450 Volt). Trotz eines starken inneren Konflikts, der auch zu Widersprüchen gegenüber dem vermeintlichen Wissenschaftler führte, waren sie nicht in der Lage, den Versuch abzubrechen. Viele Versuchspersonen waren davon überzeugt, dass das, was sie taten, nicht richtig war. Viele hatten moralische Bedenken, weil es ihnen widerstrebte, dem Opfer Schmerzen zuzufügen. Dennoch führten sie die Befehle weiter aus, obwohl sie im Falle einer Weigerung keinerlei Bestrafung erwartete.

Bei den Versuchspersonen handelte es sich um ganz normale Menschen, die im Alltag weder zu Gewalttaten neigten noch irgendwelche Auffälligkeiten zeigten. Sie gehörten verschiedenen Alters- und Berufsgruppen an. Auch Frauen verhielten sich nicht anders als die männlichen Probanden. Auch sie bestraften das Opfer bis zur höchsten Stufe; allerdings befanden sie sich in einem größeren inneren Zwiespalt als die Männer.

Der Wunsch, es der Autoritätsperson »recht« zu machen, war sehr viel stärker als die Identifikation mit dem Opfer. Nachdem Milgram die Versuchspersonen über den wahren Hintergrund des Experiments aufgeklärt hatte, entschuldigten die meisten ihr Handeln damit, dass sie nur den Anweisungen des Versuchsleiters Folge geleistet hätten, und schoben jede persönliche Verantwortung für ihr Handeln von sich. Wörtlich klang das dann zum Beispiel so:

»... Und dann kriegte ich von ihm keine Antworten mehr, kein Seufzen und kein gar nichts. Ich sagte mir: ›Lieber Gott, jetzt ist er tot; also schön, bringen wir ihn ganz um.‹ Und ich machte einfach so weiter bis zu 450 Volt.«

»... Dann wäre er eben tot gewesen. Ich habe nur meine Pflicht getan.«

»Der Versuchsleiter trug den größten Teil der Verantwortung. Ich machte ja nur weiter. (...) Man befahl mir weiterzumachen, und ich bekam keinen Hinweis, dass ich aufhören sollte.«[56]

Deckt sich dies nicht überraschend mit den Aussagen und dem Verhalten Otto Thorbecks in Flossenbürg? Er wusste, dass weder das Verfahren geeignet war, um Bonhoeffer und die anderen Männer zu verurteilen, noch dass die übrigen Formalitäten stimmten. Sein Einwand: *»Wie komme ich dazu, ein solches Standgericht abzuhalten?«* wurde von Huppenkothen abgeschmettert, indem er bemerkte, dass in einem ähnlichen Fall – damit meinte er das Standgericht gegen Dohnanyi wenige Tage zuvor – der zuständige SS-Richter keine Bedenken angemeldet hätte. Thorbeck ließ sich von dem Älteren und Diensthöheren zurechtweisen. Schon von seiner Persönlichkeitsstruktur her trat Huppenkothen wesentlich dominanter auf. Endgültig geschlagen gab sich Otto Thorbeck aber erst, als Huppenkothen auf den Befehl Hitlers verwies.

Milgrams Experiment macht deutlich, dass die meisten Menschen sich zu Handlungen überreden lassen, die sie eigentlich missbilligen. Sie fühlen sich zwar *vor* der Autorität verantwortlich, jedoch nicht *für* die befohlenen Handlungen.[57] Gehorsam galt bis weit in unsere Tage hinein als Tugend. Gerade in preußischen Offiziersfamilien war Gehorsam oberstes Gebot. Auch in der Erziehung Otto Thorbecks spielte er eine bedeutende Rolle. Früh musste er lernen, sich widerspruchslos zu fügen. Für den Fall, dass dies nicht reibungslos funktionierte, wurde auch schon mal mit körperlicher Züchtigung nachgeholfen. Das war in vielen Familien durchaus üblich und ein probates Mittel, um »den Willen der Kinder zu brechen«, wie es in pädagogischen Kreisen hieß, denn nur ein willenloses Kind war ein folgsames Kind, und nur ein folgsames Kind war ein braves Kind.

Wie viele Offiziersfamilien, blickten auch die Thorbecks trotz ihrer nationalistischen Einstellung zunächst mit Verachtung auf den Emporkömmling Hitler. Doch die Bereitschaft zu gehorchen und sich anzupassen war letztlich stärker als die Einwände, die auch Otto Thorbeck möglicherweise hatte.

Strenge Erziehung waltete durchaus auch im Hause Bonhoeffer. Die Autorität der Eltern wurde nicht in Frage gestellt. Allerdings wurden die Kinder von klein auf angehalten, die Gefühle und Ansichten anderer zu tolerieren. Hauptziel war es, sie zu verantwortungsbewussten Menschen heranzuziehen. Und nicht nur Dietrich, sondern auch seinen Geschwistern wurde schon früh deutlich gemacht, *»dass man sich gegen Ungerechtigkeiten zu wehren hatte, gleich ob es andere oder einen selbst betraf«.*[58] So wurde Dietrich Bonhoeffer gewissermaßen zum Widerstand erzogen; Gehorsam und Widerstand, der dem Bewusstsein der eigenen Verantwortung entsprang, standen in einem vernünftigen Verhältnis zueinander. Dazu trug ohne Zweifel auch bei, dass Dietrichs Mutter ihre Kinder anfänglich selbst unterrichtete. In der Familie hieß es, *»dass den Deutschen zweimal im Leben das Rückgrat gebrochen werde: zum ersten Mal in der Schule, zum anderen beim Militär«.*[59]

Die Frage, die sich daraus ergibt, ist: Wäre Dietrich Bonhoeffer unter anderen Umständen aufgewachsen, hätte er auch dann den Mut und die Kraft zum Widerstand gehabt? Umgekehrt: Wäre Otto Thorbeck mit mehr Toleranz und Freiheit erzogen worden, wäre er dann in der Lage gewesen, den Teufelskreis zwischen innerem Konflikt und Gehorsamsbereitschaft zu durchbrechen?

All diese Erkenntnisse können allerdings keine Bestätigung dafür sein, dass es richtig war, Otto Thorbeck freizusprechen. Der Schuldspruch hätte aus juristischer und aus moralischer Sicht erfolgen müssen, allein schon, um den Deutschen die Tragweite einer übertriebenen Gehorsamsbereitschaft und die Bedeutung selbstverantwortlichen Handelns deutlich vor Augen zu führen.

Ohne Zweifel – in der frühen Kindheit werden die Grundlagen dafür gelegt, ob ein Mensch zu einer autoritätsgläubigen Person wird, die sich wie eine Marionette dirigieren lässt oder zu einem selbstbestimmten Menschen, der sich für das, was er tut, auch verantwortlich fühlt und seiner eigenen Intuition traut, ungeachtet der Konsequenzen. Auch wenn in den meisten Familien und in der Schule kein unbedingter Gehorsam mehr verlangt wird, so heißt dies nicht, dass Autoritäten keine Macht mehr ausüben könnten. Die Bereitschaft zum Gehorsam ist zu einem gewissen Teil angeboren. Es kommt darauf an, in welche Bahnen sie gelenkt wird. Welchen Stellenwert Autoritäten heute noch haben, zeigt das Phänomen der Massenbewegungen, wie sie z.B. anlässlich des Papsttodes und bei der Wahl des neuen Papstes auftraten. Die meisten Menschen bleiben manipulierbar; die zahlreichen Sekten oder auch rechtsradikalen Vereinigungen sprechen eine deutliche Sprache.

Viele sind der Ansicht, Milgrams Experiment sei für uns heute, die wir in einem demokratischen Staat leben, ohne Belang. Doch Milgram gab zu bedenken, dass auch diejenigen, die durch demokratische Wahlen in ihr Amt eingesetzt werden, Autorität besitzen und Forderungen stellen können, die dem Gewissen des Einzelnen zuwiderlaufen. Er erinnerte in diesem Zusammenhang an die Internierung japanischer US-Bürger und den Einsatz von Napalm gegen Zivilisten in Vietnam.[60]

Widerstand muss im Alltag geübt werden. Wer nicht einmal den Mut hat, gegen Ungerechtigkeiten anzugehen, mit denen er täglich konfrontiert wird – Mobbing gegen Arbeitskollegen, Benachteiligung von Ausländern, Gewalt gegen Schwächere –, wird nicht ernsthaft glauben können, dass er unter Bedingungen, wie sie zur Zeit des Dritten Reiches herrschten, zum Widerstand in größerem Ausmaß fähig wäre.

Anhang

Justizgeschichtlicher Überblick zu den Standgerichtsverfahren und den daraus resultierenden Nachkriegsprozessen

– I. –

Die Standgerichte

1. Wehrmachtsjustiz allgemein

Nachdem zusammen mit der Wehrpflicht durch das Gesetz vom 17.08.1920 [61] auch die Militärgerichtsbarkeit in Deutschland abgeschafft worden war, führte sie Hitler durch das Gesetz vom 12.05.1933 wieder ein.[62] Insgesamt wurden durch die Militärjustiz in den NS-Zeiten 30 000 Todesurteile verkündet.[63] Auflösungserscheinungen, wie sie nach dem Ersten Weltkrieg auftraten, sollten durch harte Strafen gegen Disziplinlockerung, unerlaubtes Entfernen von der Truppe, Feigheit und Verweigerung des Waffendienstes vorgebeugt werden. Hitler selbst forderte exemplarische Strafen und – soweit nötig – auch die Todesstrafe.

Auch im heutigen Deutschland hat das Grundgesetz in Art. 96 Abs. 2 ausdrücklich die Möglichkeit zur Bildung von Wehrstrafgerichten als Sondergerichte vorgesehen.[64] Die besondere Kompetenz von Militärgerichten wird vor allem damit begründet, dass sie eine größere Sachkunde im militärischen Bereich, eine genauere Kenntnis des Soldatenlebens und der soldatischen Psyche haben als die zivilen Gerichte. Der Gesetzgeber hat von der in Art. 96 Abs. 2 GG gegebenen Möglichkeit bisher keinen Gebrauch gemacht.

In einem verfassungsmäßigen Rechtsstaat, wie ihn die Bundesrepublik Deutschland seit dem Kriegsende darstellt, sind Richter grundsätzlich unabhängig, nicht weisungsgebunden und nur den Gesetzen unterworfen.[65] Die Militärjuristen im Zweiten Weltkrieg waren sämtlich (so auch die Richter) als Organe der Anklage weisungsgebunden. Die Gerichtsherren und die richterlichen Gutachter standen zwar nicht direkt unter der Kontrolle der NSDAP, doch war im Verlauf des Zweiten Weltkrieges eine zunehmende Politisierung der Urteilsbegründungen festzustellen. Den Höhepunkt der politischen Beeinflussung stellte der »Führererlass« über die Aufhebung rechtskräftiger Urteile von Wehrmachtsgerichten vom 6. Januar 1942 dar.[66]

Mit diesem Instrument hatte sich Hitler die Möglichkeit geschaffen, praktisch immer das »letzte Wort« zu haben. Ein unter heutigen Aspekten nicht möglicher, gegen die »Gewaltenteilung« verstoßender Zustand. Das rechtsstaatliche Prinzip der Gewaltenteilung begrenzt die Ausübung politischer Herrschaft und sichert damit die bürgerlichen Freiheiten. Funktional wird zwischen der gesetzgebenden Gewalt (Legislative), der ausführenden Gewalt (Exekutive) und der rechtsprechenden Gewalt (Judikative) unterschieden. Das Prinzip der Gewaltenteilung ist in Art. 20 Abs. 2 GG festgelegt.[67]

2. Standgerichte

Die Kriegssonderstrafrechtsordnung (KSSVO) wurde am 17.08.1938, kurz vor Kriegsbeginn, erlassen. Die Kriegsstrafverfahrensordnung (KStVO), ebenso vom 17.08. 1938, bot alle Möglichkeiten für ein beschleunigtes Verfahren. Ein Rechtsmittel (Berufung oder Revision) durch den Angeklagten war nicht vorgesehen. Standgerichte waren die Folge. Standrecht bezeichnet in der Militärjustiz die Aburteilung eines Täters unmittelbar nach seiner Ergreifung. Standgerichte sind Ausnahmegerichte, die in Abweichung von den allgemeinen gesetzlichen Zuständigkeitsregeln ad hoc zur Entscheidung bestimmter Einzelfälle gebildet werden.[68] In der Bundesrepublik Deutschland sind Standgerichte verfassungswidrig.[69] Das Standrecht wurde und wird von meist militärischen Autoritäten bzw. einem Standgericht in Kriegszeiten in Anspruch genommen, wobei davon ausgegangen wird, dass ein ordentliches Verfahren aus Mangel an Zeit oder Gelegenheit nicht durchführbar sein wird und eine Bestrafung des Täters in Form des kurzen Prozesses wegen der Bedeutung der Tat unumgänglich ist. Am 15.02.1945 wurde noch eine ergänzende Verordnung »über die Errichtung von Standgerichten« erlassen, die Reichsjustizminister Dr. Thierack im Rundfunk verkündete. Darin hieß es:

»Berlin, 16. Februar. Der Reichsminister der Justiz hat am 15. Februar 1945 folgende Verordnung über die Errichtung von Standgerichten erlassen:

Die Härten des Ringens um den Bestand des Reiches erfordert von jedem Deutschen Kampfentschlossenheit und Hingabe bis zum Äußersten. Wer versucht, sich seinen Pflichten gegenüber der Allgemeinheit zu entziehen, insbesondere wer dies aus Feigheit oder Eigennutz tut, muss sofort mit der notwendigen Härte zur Rechenschaft gezogen werden, damit nicht aus dem Versagen eines Einzelnen dem Reich Schaden erwächst. Es wird deshalb auf Befehl des Führers im Einvernehmen mit dem Reichsminister und Chef der Reichskanzlei angeordnet:

1. *In feindbedrohten Reichsverteidigungsbezirken werden Standgerichte gebildet.*

2. *Das Standgericht besteht aus einem Strafrichter als Vorsitzendem sowie einem politischen Leiter oder Gliederungsfüh-*

rer der NSDAP und einem Offizier der Wehrmacht, der Waffen-SS oder der Polizei als Beisitzern. Der Reichsverteidigungskommissar ernennt die Mitglieder des Gerichtes und bestimmt einen Staatsanwalt als Anklagevertreter.

3. *Die Standgerichte sind für alle Straftaten zuständig, durch die die deutsche Kampfkraft oder Kampfentschlossenheit gefährdet sind. Auf das Verfahren finden die Vorschriften der Reichsstrafprozessordnung sinngemäß Anwendung.*

4. *Das Urteil des Standgerichts lautet auf Todesstrafe, Freisprechung oder Überweisung an die ordentliche Gerichtsbarkeit. Es bedarf der Bestätigung durch den Reichsverteidigungskommissar, der Ort, Zeit und Art der Vollstreckung bestimmt. Ist der Reichsverteidigungskommissar nicht erreichbar und sofortige Vollstreckung unumgänglich, so übt der Anklagevertreter diese Befugnis aus.*

5. *Die zur Ergänzung, Änderung und Durchführung dieser Verordnung erforderlichen Vorschriften erlässt der Reichsminister der Justiz im Einvernehmen mit dem Reichsminister des Inneren und dem Leiter der Parteikanzlei.*

6. *Die Verordnung tritt mit ihrer Verkündung in Presse und Rundfunk in Kraft.«*

Dazu gab Heinrich Himmler, »Reichsführer SS«, noch am 26. 02. 1945, also 73 Tage vor Kriegsende einen Erlass über die Errichtung von »Sonderstandgerichten zur Bekämpfung von Auflösungserscheinungen« heraus. Damit konnte jeder gehängt oder erschossen werden, der sich weigerte zu kämpfen – und sei es als Zivilist mit der Panzerfaust.[70]

Weiter wurden durch »Führererlass« vom 09.03.1945 »Fliegende Standgerichte« gebildet, die Hitler direkt unterstanden. Den »Fliegenden Standgerichten« folgten Exekutionskommandos jeweils in Stärke eines Unteroffiziers und acht Mann. Das Gnadenrecht war ausgeschlossen.[71] Durch Standgerichte der »inneren Front«[72] und »Fliegende Standgerichte« konnten Angeklagte auf der Stelle ohne jedes Verfahren ad hoc exekutiert werden.

Für Standgerichte galt allgemein der Grundsatz des Präsidenten des Volksgerichtshofes Freisler, der auch für die übrigen NS-Gerichte Gültigkeit hatte: *»Blitzartig muss die Strafe den Verbrecher treffen.«*[73]

Gegenüber den »militärischen Bedürfnissen« hatten alle anderen Belange zurückzutreten. Für Angeklagte war nicht einmal ein Verteidiger als zwingend im Sinne der unter allen Umständen einzuhaltenden Mindestgrundsätze des § 1 Abs. 2 KStVO vorgeschrieben. § 51 KStVO stellte die Bestellung des Verteidigers in das Ermessen des Gerichts. Zwar war gemäß § 49 Abs. I KStVO für Fälle, in welchen ein Todesurteil zu erwarten war, ein Verteidiger zu bestellen.[74] Hiervon wurde jedoch oft kein Gebrauch gemacht. Die Prüfung von 1000 Verfahrensakten hat ergeben, dass in diesen Fällen 148 Mal kein Verteidiger zugegen war, obwohl die vorgeworfene Tat todesstrafbewährt war.[75]

3. Das Standgericht unter der Leitung von Dr. Thorbeck

Gegen Ende des 2. Weltkrieges, am Donnerstag, den 5. April 1945, gab der Leiter des Reichssicherheitshauptamtes Kaltenbrunner auf Befehl oder zumindest mit dem Einverständnis Hitlers die Anordnung, gegen Pastor Bonhoeffer, Reichsgerichtsrat von Dohnanyi, Admiral Canaris, Generalmajor Oster, Generalstabsrichter Dr. Sack, Hauptmann Gehre ein SS-Standgerichtsverfahren durchzuführen. Die Betroffenen waren nach dem Aufstand vom 20.07.1944 durch schriftliches Material belastet, das im September 1944 in einem Panzerschrank des Oberkommandos des Heeres gefunden worden war.[76] Ab Oktober 1940 war Bonhoeffer Agent der militärischen Spionageabwehr. Deren Leiter, Admiral Wilhelm Canaris, stellte seinerzeit ihm vertraute Gegner des NS-Regimes als Doppelagenten ein. Nach außen waren sie V-Männer des militärischen Geheimdienstes. Tatsächlich aber arbeiteten sie im Kreis der Widerstandskämpfer gegen Hitler. Bonhoeffer reiste während des Krieges nach Norwegen und Schweden, in die Schweiz und in den Vatikan. Er sollte über Mittelsmänner die Alliierten davon überzeugen, dass in Deutschland ein Putsch bevorstand. Dabei lotete er auch die Chancen für einen Waffenstillstand nach dem Tod Hitlers aus.

Das Standgerichtsverfahren gegen Reichsgerichtsrat von Dohnanyi fand am 6. April 1945 im KZ Sachsenhausen-Oranienburg und das gemeinsam gegen die Angeklagten Canaris, Oster, Gehre, Dr. Sack und Bonhoeffer verhandelte Standgerichtsverfahren am Sonntag, den 8. April 1945, im KZ Flossenbürg statt.

In diesen beiden Verfahren traten der Abteilungsleiter im Reichssicherheitshauptamt SS-Standartenführer Huppenkothen als Ankläger und im Flossenbürger-Verfahren SS-Sturmbannführer Dr. Thorbeck, Chefrichter beim SS- und Polizeigericht in München, als Vorsitzender Richter auf. Sowohl Dr. Thorbeck als auch Huppenkothen waren »Volljuristen« mit zwei Staatsexamen und dadurch erlangter Befähigung, als Richter, Rechtsanwalt oder Staatsanwalt tätig zu sein. In den beiden Standgerichtsverfahren im KZ Oranienburg und Flossenbürg war der jeweilige KZ-Kommandant Beisitzer.

Dr. Thorbeck war am Verfahren in Sachsenhausen-Oranienburg nicht beteiligt. Wer dort den richterlichen Vorsitz hatte, ließ sich nach Kriegsende nicht ermitteln, es soll ein SS-Richter namens »Hoffmann« oder ähnlich gewesen sein.[77]

Reichsgerichtsrat von Dohnanyi wurde in der Haft misshandelt und war nach einer Diphtherieerkrankung teilweise gelähmt. Er musste auf einer Bahre zur Standgerichtsverhandlung im KZ Oranienburg getragen werden. Admiral Canaris wurde während seines Verhörs durch Huppenkothen anlässlich des Standgerichts im KZ Flossenbürg das Nasenbein gebrochen.

In der von Huppenkothen vertretenen Anklage wurde Pastor Bonhoeffer Mitwisserschaft und Teilnahme an den allgemeinen Umsturzversuchen und damit Hoch- und Kriegsverrat zur Last gelegt.[78]

Die beiden Standgerichtsverfahren in Sachsenhausen-Oranienburg und Flossenbürg wiesen eine Reihe von Verfahrensmängeln auf:

- Standgerichtsverfahren waren nur in dringenden Fällen zulässig. Ihr Sinn war es, der Tat die Strafe unmittelbar auf dem Fuß folgen zu lassen. Bonhoeffers »Taten« lagen jedoch am 9. April 1945 schon Jahre zurück.
- Ein Verteidiger wurde für die Angeklagten nicht bestellt, obwohl dies gem. § 49 Abs. I KStVO angesichts der mit der Todesstrafe bedrohten Taten notwendig gewesen wäre.[79]
- Die Verfahren hätten gemäß der zwingenden Vorschrift des § 1 Abs. 2 Ziff. 1 KStVO vor Wehrmachtsrichtern und nicht vor einem SS-Richter stattfinden müssen. Dass die sechs Angeklagten der Kriegsgerichtsbarkeit, nicht der Sondergerichtsbarkeit der SS unterstanden, ergibt sich aus § 2 Ziff.1 KStVO, nach Ausstoßung aus der Wehrmacht: in Verbindung mit § 2a; hinsichtlich Bonhoeffer als Mitglied des Wehrmachtsgefolges aus § 3a KStVO.[80]
- Das Gericht war mit dem KZ-Lagerkommandanten als Beisitzer nicht ordnungsgemäß besetzt.
- Jedes kriegsgerichtliche (und jedes SS- und polizeigerichtliche) Urteil musste gemäß §§ 76 ff. KStVO bestä-

tigt werden, bis dahin war es lediglich als Gutachten zu werten. Für diese Bestätigung wäre als Gerichtsherr Hitler zuständig gewesen. Eine solche Bestätigung wurde nicht eingeholt.[81]

- Der »Ankläger« Huppenkothen war kein Staatsanwalt, sondern Abteilungsleiter im RSHA.[82]
- Die Verhandlungen fanden ohne Protokollführer statt.

Es wurden daher nicht einmal nur die gemäß § 1 KStVO erforderlichen »Minimalanforderungen« eines gerichtlichen Verfahrens gewahrt.

Wie nicht anders zu erwarten, erfolgte in den beiden Standgerichtsverfahren die Verurteilung sämtlicher Angeklagten zum Tod. Die Vollstreckung der Urteile im KZ Flossenbürg gegen den nur 39-jährigen Pastor Bonhoeffer und die vier Mitangeklagten erfolgte unmittelbar am nächsten Tag, am frühen Morgen des 9. April 1945, nur wenige Stunden vor der Befreiung des KZ durch amerikanische Truppen.

Bei den Hinrichtungen war Huppenkothen zugegen. Die gesetzlich zwingend vorgeschriebenen Urteilsbestätigungen durch den Gerichtsherrn hatten weder er noch der Standgerichtsvorsitzende Dr. Thorbeck eingeholt.[83] Somit erfolgten die Exekutionen durch Urteile, die gegen die Verfahrensbestimmungen verstießen und nicht einmal rechtskräftig waren.

– II. –
Die Nachkriegsjustiz für/gegen den Richter und den Ankläger

1. Überblick

Die juristischen Träger der NS-Diktatur wurden entgegen der alliierten Planung für ein neues Deutschland in die rechtsstaatlich-demokratische Ordnung der neu gegründeten Bundesrepublik weitgehend übernommen. Es wäre jedoch übertrieben, hieraus ausschließlich auf nationalsozialistische Seilschaften als alleinige Ursache zu schließen, wenn das auch vielfach zutrifft. In den Jahren des Wiederaufbaus und in Anbetracht des »Kalten Krieges« war ein schnell zu errichtender Justizapparat ebenso notwendig, wie ein zügiger Behördenaufbau auch in anderen Bereichen erforderlich war. Da noch keine im Nachkriegsdeutschland ausgebildeten Juristen zur Verfügung standen, war man gezwungen, auf den Bestand aus NS-Zeiten zurückzugreifen. Bedauerlicherweise brachte diese Notwendigkeit den Nachteil mit sich, dass die Ära Adenauer nicht zu Unrecht vielfach als ein mit nationalsozialistischem Gedankengut durchsetzter Rechtsstaat empfunden wurde. Die in der Nachkriegsjustiz erfolgte juristische Auseinandersetzung mit der Wehrmachtsjustiz brachte lediglich das Ergebnis, dass nach 1949 in der Bundesrepublik Deutschland kein einziger Wehrmachtsrichter verurteilt wurde.

Selbst die Mitwirkung am Todesurteil im SS-Standgerichtsverfahren gegen Dietrich Bonhoeffer im April 1945, das auch nicht ansatzweise irgendeine Prozessmaxime berücksichtigte, blieb im Ergebnis unbehelligt. Obwohl die Staatsanwaltschaft im Verfahren gegen den Vorsitzenden Richter Dr. Thorbeck vier Jahre Zuchthaus beantragt hatte, sprach der Bundesgerichtshof im Jahr 1956 Thorbeck letztendlich frei, weil das Standgerichtsurteil *»nicht erweislich widerrechtlich erlassen worden«* war.[84] Dagegen hat erst mit Beschluss vom 01.08.1996 das Landgericht Berlin Pastor Bonhoeffer 40 Jahre später rehabilitiert.[85]

2. Abriss der Strafverfahren gegen Dr. Thorbeck und Huppenkothen nach Kriegsende

Wegen Beihilfe zum Mord, u.a. im Zusammenhang mit den Standgerichtsverfahren in Oranienburg und Flossenbürg, erhob die Staatsanwaltschaft gegen Huppenkothen am 19.09.1950 Anklage zum Schwurgericht beim Landgericht München I. Im Zuge dieses ersten Strafverfahrens gegen Huppenkothen kam auch die Beteiligung des Dr. Thorbeck als Vorsitzender des Standgerichts in Flossenbürg ans Licht. Gegen Thorbeck erfolgte sodann die Anklageerhebung ebenso wegen Beihilfe zum Mord u. a. am 09.10.1952 zum Schwurgericht München I. Hieraus ergaben sich eine Reihe von Verurteilungen und Freisprüchen, die daraus resultierten, dass sowohl die Staatsanwaltschaft als auch die Angeklagten mehrfach wechselseitig die ergangenen Urteile nicht akzeptierten und Revision beim Bundesgerichtshof einlegten, das dann die Sache an die unteren Gerichte zurückverwiesen hatte.

Die Revision ist – anders als die Berufung – keine zweite Hauptverhandlung. Feststellungen, die im ersten Verfahren zu Geschehnissen, Abläufen, Aussagen und Folgen getroffen wurden, werden grundsätzlich nicht auf ihre inhaltliche Richtigkeit überprüft, sondern nur, ob diese Feststellungen rechtlich in nicht zu beanstandender Weise gewonnen und für die Urteilsfindung verwendet wurden. Das angegriffene Urteil wird also vom Revisionsgericht nur auf Rechtsfehler geprüft.[86] Bei schweren Delikten wie in den Fällen Thorbeck und Huppenkothen (Beihilfe zum Mord) ist keine Berufung, sondern nur die Revision möglich (§ 333 StPO).[87]

Kommt das Revisionsgericht zu der Auffassung, dass das Erstgericht auf Grund fehlerhafter oder unzureichender tatsächlicher Feststellungen zu einem falschen Urteil gekommen ist, so hebt es das erstinstanzliche Urteil auf und verweist die Strafsache zur erneuten Verhandlung an das Gericht, dessen Urteil aufgehoben wird, oder an ein anderes Gericht des gleichen Bundeslandes zurück. Dort sind dann jeweils andere Richter als bei der ersten Entscheidung zuständig (§§ 353, 354 Abs. 2 StPO). Es besteht aber auch die Möglichkeit (wie mit der endgültig letzten Revision in den Fällen Thorbeck und Huppenkothen geschehen), dass das Revisionsgericht ohne Zurückverweisung die Sache selbst abschließend entscheidet, wenn keine neuen oder ergänzende Tatsachenfeststellungen mehr notwendig sind.[88]

Es kommt nicht selten vor, dass die Strafgerichte, wenn auch durch unterschiedliche Richter, durch Revisionen auf Grund mehrfacher Zurückverweisungen wiederholt mit ein und derselben Sache befasst sind. Exemplarisch hierfür sind die Fälle Thorbeck und Huppenkothen:

- LG München I, Urteil vom 16. Februar 1951: Huppenkothen wird wegen Beihilfe zum Mord freigesprochen und wegen Aussageerpressung verurteilt.[89] Revision der Staatsanwaltschaft und des Angeklagten zum Bundesgerichtshof.
- BGH-Urteil vom 12.02.1952: Aufhebung des Huppenkothen-Urteils und Zurückverweisung an das LG München I.[90]
- LG München I, Urteil vom 05.11.1952:[91] Erstmalig ist Dr. Thorbeck mit angeklagt. Beide werden freigesprochen. Revision der Staatsanwaltschaft.
- BGH-Urteil vom 09.11.1954: Aufhebung des Urteils und Zurückverweisung an das Landgericht Augsburg.
- Das Landgericht Augsburg verurteilt am 15.10.1955 Huppenkothen zu 7 Jahren, Thorbeck zu 4 Jahren Zuchthaus.[92] Revision der beiden Angeklagten.
- Der Bundesgerichtshof spricht mit Urteil vom 19. Juni 1956 Thorbeck und Huppenkothen wegen ihrer Beteiligung an den Standgerichtsverfahren frei. Das auf

Zuchthaus lautende Urteil des Augsburger Gerichts gegen Huppenkothen bleibt bestehen, weil Huppenkothen die Hinrichtungen nicht verhindert hat.[93]

Damit war die nahezu 6-jährige Prozessserie beendet. Während der Zeiträume aller dieser Verfahren befanden sich Dr. Thorbeck vom 8. Oktober 1952 bis 5. November 1952, Huppenkothen vom 1. Dezember 1949 bis 5. November 1952 und beide gemeinsam als Folge des Augsburger Prozesses vom 16. Oktober 1955 bis 19. Juni 1956 in Untersuchungshaft. Anschließend wurde Dr. Thorbeck aus der Haft entlassen, während Huppenkothen die Zuchthausstrafe verbüßen musste.

3. Urteil des Landgerichts München I vom 16. Februar 1951 und seine Folgen

Im seinerzeit noch allein gegen Huppenkothen gerichteten ersten Strafverfahren vor dem LG München I stellte das Gericht mit Urteil vom 16.Februar 1951 fest, dass bei den Standgerichtsverfahren das »gerichtliche Gesicht« gewahrt worden sei. Die den sechs Verurteilten vorgeworfenen Handlungen hätten nach der damaligen Gesetzeslage die Tatbestände des Hoch- und Landesverrats erfüllt. Deshalb seien die Todesurteile nach der damaligen Rechtslage ordnungsgemäß ergangen und der Angeklagte wegen Beihilfe zum Mord freizusprechen.

Huppenkothen wurde vom Landgericht München I lediglich wegen Aussageerpressungen und Körperverletzungen im Amt, mit seiner Billigung begangen durch seine Untergebenen, sowie für die eigene Anwendung von Zwangsmitteln (Folter) verurteilt.

Eine Änderung des zum Teil noch breit vertretenen »nationalsozialistischen« Denkens trat nach Erlass des Urteils in der BRD durch das von der Öffentlichkeit mit großer Aufmerksamkeit verfolgte Strafverfahren gegen den 2. Vorsitzenden der rechtsradikalen »Sozialistischen Reichspartei« Otto Remer sowie dessen Verurteilung wegen übler Nachrede und Verunglimpfung Verstorbener ein, der in einer Wahlveranstaltung am 03.05.1951 erklärt hatte, dass die Widerstandskämpfer des 20. Juli vom Ausland bezahlte Hoch- und Landesverräter gewesen seien.[94]

Der Generalstaatsanwalt Fritz Bauer vertrat die These, dass das Dritte Reich ein Unrechtsstaat, deshalb sittenwidrig und nicht hochverratsfähig war. Dieser Ansicht folgte der BGH im Revisionsverfahren Remer und versagte den Urteilen des Volksgerichtshofes generell jede Rechtmäßigkeit.[95]

4. Urteil des Bundesgerichtshofes vom 12. Februar 1952

Dieser Tendenz folgte der BGH im Revisionsverfahren der Staatsanwaltschaft gegen den Huppenkothen-Freispruch und hob das Urteil des LG München l vom 16.02.1951 am 12.02.1952 auf. Der BGH vertrat sogar die Auffassung, dass nicht nur die selbst nach damaligem Recht gültigen Verfahrensregeln verletzt worden seien, sondern es sich sogar um ein gesetzloses Verfahren *»nur in Urteilsform gekleideter willkürlicher Machtansprüche«* gehandelt habe, da die allen Kulturvölkern gemeinsame Rechtsüberzeugung von Wert und Würde der menschlichen Persönlichkeit widersprechende nationalsozialistische Gesetzgebung kein Recht schaffen konnte und ein ihnen entsprechendes Verhalten Unrecht sei.[96] Die Vollstreckung eines solchen Urteils sei eine rechtswidrige Tötung, unabhängig von der Art des Vorwurfs, der dem Getöteten gemacht worden ist.[97]

Der Bundesgerichtshof hatte in einer in anderer Sache ergangenen späteren Entscheidung vom 6.11.1952 ein Urteil des Volksgerichtshofs für rechtswidrig erklärt, weil die Strafzumessung in dem betreffenden Fall »*in ihrer übertriebenen Härte sachlichen Erwägungen nicht mehr entsprach*«, vielmehr »*jedes vernünftige Maß überstieg*«, und zwar »*so sehr, dass der Missbrauch der Ermessensfreiheit ohne weiteres erkennbar*« war. Diese Art des Strafens erklärt der BGH in dem erwähnten Urteil für »*rechtswidrig*«, »*weil sie (...) allein darauf abzielte, durch übermäßige Strenge die politisch Andersdenkenden einzuschüchtern und damit die Herrschaft der damaligen Machthaber zu sichern*«. Weil mit dieser übermäßigen Härte nur strafrechtsfremde Ziele verfolgt wurden, war nach Ansicht des BGH das Urteil mit der wirklichen Rechtslage nicht vereinbar; der Ausspruch der Todesstrafe sowie deren Vollstreckung verstießen gegen das Recht.[98]

Obwohl diese beiden Urteile der höchsten deutschen Strafrichter der Nachkriegs-Justiz überzeugende Argumente für die Verurteilung ehemaliger NS-Juristen lieferten, blieb das die Ausnahme. Selbst der BGH folgte in späteren Rechtssprüchen nicht mehr seinen eigenen Thesen.

5. Erstes gemeinsames Strafverfahren gegen Thorbeck und Huppenkothen in München

Durch die Zurückverweisung wurde die Sache Huppenkothen vor dem Schwurgericht des Landgerichts München I erneut verhandelt. In diesem Verfahren war Dr. Thorbeck auf Grund der ihn in der Hauptverhandlung im ersten Huppenkothen-Prozess belastenden Feststellungen erstmalig mit angeklagt. Am 08.10.1952 wurde er durch das Schwurgericht erstmalig in Untersuchungshaft genommen.[99]

Nachdem die beiden Angeklagten sich verteidigten, ihr Handeln sei durch die ihnen erteilten Befehle und die bestehenden gesetzlichen Vorschriften gerechtfertigt gewesen, zumindest aber hätten sie eine solche Rechtfertigung als gegeben angesehen und nach der Sachlage auch bedenkenlos annehmen können, ließ das Schwurgericht München in seinem Urteil vom 05.11.1952 die Rechtsauffassung des BGH unbeachtet und entschied erneut zu gunsten Huppenkothens durch Freispruch. Ebenso wurde Thorbeck freigesprochen. Die Verfahrensverstöße der beiden Angeklagten im Standgerichtsverfahren entschied das Gericht zu Gunsten der »*gutgläubigen*« Angeklagten«.[100] Sie seien nicht in der Lage gewesen, die Standgerichtsverfahren als »*eine gegen die bestehende Rechtslage verstoßende Willkürmaßnahme Hitlers*« zu erkennen.[101] Auch stellte das Gericht fest, dass Pastor Bonhoeffer an »*Vorbereitungen zum Staatsstreich*« beteiligt war. Auf die Frage des »*gesetzlichen Unrechts*« ging das Schwurgericht nicht ein.

6. Das Augsburger Strafverfahren

In dem daraufhin von der Staatsanwaltschaft erwirkten Revisionsurteil des Bundesgerichtshofs vom 9.11.1954[102] wurde das Urteil des Schwurgerichts München aufgehoben und zurückverwiesen. Die Sache wurde sodann vor dem Schwurgericht Augsburg verhandelt.

Mit Urteil vom 15.10.1955 hat das Schwurgericht Augsburg Thorbeck zu sieben und Huppenkothen zu vier Jahren Zuchthaus wegen Beihilfe zum Mord verurteilt. Das Gericht stützte seine Entscheidung darauf, dass die Anordnung der Standgerichtsverfahren nicht aus dem Bestreben, die Wahrheit zu erforschen und Gerechtigkeit walten zu lassen, entsprungen war, sondern aus dem Bestreben, die betroffenen Personen zu beseitigen und sich dem Willen Hitlers blind unterzuordnen. Die Verfahren hätten nur die äußere Form eines Gerichts gewahrt.

7. Urteil des Bundesgerichtshofes vom 19. Juni 1956

Gegen das Urteil des Schwurgerichts Augsburg hatten die beiden Angeklagten Revision beim Bundesgerichtshof eingelegt. Dort wurde das Urteil des Augsburger Gerichts zu Gunsten Dr. Thorbecks aufgehoben und dieser freigesprochen. Im Hinblick auf Huppenkothen hat der BGH das Augsburger Urteil zum Teil aufgehoben, insoweit auch Huppenkothen freigesprochen wurde, jedoch auch teilweise bestätigt und auf sechs Jahre Zuchthaus erkannt.

Den Freispruch Dr. Thorbecks und den teilweisen Freispruch Huppenkothens begründete der BGH u.a. folgendermaßen:

»*Es lässt sich der Nachweis von reinen befehlsgemäßen Scheinverfahren gegen Dr. Thorbeck nicht führen*« und »*dem Angeklagten Dr. Thorbeck lässt sich nach dem im Urteil* [Anm.: Gemeint ist das Augsburger Urteil] *dargestellten Ergebnis nicht widerlegen, dass er es für seine unausweichliche Pflicht gehalten hat, den Vorsitz in den Flossenbürger Verfahren zu führen und das Gesetz auf den festgestellten Sachverhalt anzuwenden.*« Der BGH kam zu dem Schluss, dass »*im Zweifel zu Gunsten des Angeklagten*« zu entscheiden sei.

Bei Huppenkothen hatten die Richter aus den gleichen Gründen Veranlassung, ihn für seine Beteiligung an den Standgerichtsverfahren freizusprechen.[103]

Die Standgerichtsverfahren in Oranienburg und Flossenbürg sind somit trotz ihrer schweren Verfahrensmängel und des NS-Staats als »Unrechtsstaat« vom BGH unbeanstandet geblieben. Die Widerstandskämpfer wurden hierdurch quasi ein weiteres Mal verurteilt. Ihnen hat der BGH vorgehalten, dass sie auf Grund des damals geltenden Rechts Landes- und Hochverrat begangen hätten. Den Widerstandskämpfern wurde zwar eine »*edle Gesin-*

nung« bescheinigt, das Widerstandsrecht aber mit der im Urteil zu findenden Bemerkung, »*es ist kennzeichnend, dass die Verlautbarungen zum Recht des Widerstands, soweit sie aus ernst zu nehmenden Kreisen stammen und demgemäß Beachtung verdienen, mindestens in der Frage auseinander gehen, ob den Widerstandskämpfern das Recht zuzubilligen ist, um der Beseitigung der Gewaltherrschaft willen Menschenleben von Unschuldigen zu opfern, z.B. durch Mitteilung bevorstehender militärischer Unternehmungen an den Gegner*«, mindestens in Frage gestellt, wenn nicht sogar verneint. Offensichtlich haben die BGH-Richter nicht sehen wollen, dass kein Widerstand bzw. das Gewährenlassen des Tyrannen weitaus mehr Menschenleben kostet, wie sich das nach dem misslungenen Attentat vom 20. Juli 1944 und des sich anschließenden millionenfachen Sterbens bis Kriegsende erwiesen hat.

Mit diesem dritten Urteil hat sich der Bundesgerichtshof in eklatanter Art und Weise von seinem Urteil vom 12.02.1952 abgewandt, nach dem es sich bei den Standgerichtsentscheidungen nur »*um in Urteilsform gekleidete willkürliche Machtansprüche*« gehandelt habe und ein solches Recht nicht anzuwenden sei. Besonders erstaunlich ist dabei, dass es sich um den gleichen Senat gehandelt hat, der schon für das Urteil vom 12.02.1952 zuständig war!

Der Bundesgerichtshof war sichtlich bemüht, die Standgerichtsverfahren als – unter der NS-Gesetzgebung – rechtmäßig anzusehen. Anderenfalls hätte der BGH sowohl Dr. Thorbeck als auch Huppenkothen in ihren Funktionen als Richter und Ankläger im Standgerichtsverfahren nicht freisprechen können. Es ist dem BGH wie jedem anderen Gericht zuzugeben, dass ein Strafgericht die subjektive, persönliche Schuld des Täters zu ermitteln hat. Die Begründung ist allerdings fraglich. Insbesondere in Dr. Thorbeck sah der BGH einen pflichtbewussten, den damaligen Gesetzen unterworfenen

Richter, dem keine andere Wahl blieb. Hierzu führt der BGH aus:

»So viel darf aber gesagt werden: Einem Richter, der damals einen Widerstandskämpfer wegen seiner Tätigkeit in der Widerstandsbewegung abzuurteilen hatte und ihn in einem einwandfreien Verfahren für überführt erachtete, kann heute in strafrechtlicher Hinsicht kein Vorwurf gemacht werden, wenn er angesichts seiner Unterworfenheit unter die damaligen Gesetze nicht der Frage nachging, ob dem Widerstandskämpfer etwa der Rechtfertigungsgrund des übergesetzlichen Notstands unter dem Gesichtspunkt eines höheren, den Strafdrohungen des staatlichen Gesetzes vorausliegenden Widerstandsrechts zur Seite stehe, sondern glaubte, ihn des Hoch- oder Landesverrats bzw. des Kriegsverrats (§ 57 MStGB) schuldig erkennen und deswegen zum Tode verurteilen zu müssen.«

Bei Huppenkothen allerdings sahen die Richter des BGH ein strafbares Verschulden und die Beihilfe zum Mord. Er war bei den Hinrichtungen anwesend. Er hätte die Exekution auf Grund der fehlenden Urteilsbestätigungen und damit eines nicht rechtskräftigen Standgerichtsurteils als Anklagevertreter verhindern müssen. Mit Huppenkothen gingen sie nicht »zimperlich« um, sondern brandmarkten ihn durch folgende Urteilsausführungen:[104]

»Das Fehlen der Urteilsbestätigung machte die Tötung der Widerstandskämpfer schlechthin rechtswidrig, mögen auch die Urteile gegebenenfalls nachträglich für vollstreckbar erklärt worden sein. Die Widerrechtlichkeit der Tötungen findet ihre Bestätigung in der den Gepflogenheiten in den Konzentrationslagern entsprechenden, mit den Geboten der Menschlichkeit völlig unvereinbaren Art, wie die Widerstandskämpfer ums Leben gebracht worden sind, nämlich durch Erhängung in völlig entkleidetem Zustand. Auch derjenige, der in schwerwiegender Weise gegen das Gesetz verstoßen und deshalb sein Leben verwirkt hat, hat grundsätzlich bis zum letzten Augen-

blick Anspruch auf Achtung des Menschenwertes und der Menschenwürde.«

Und:

»*Durch seine* [Anm: Huppenkothens] *Teilnahme an den Hinrichtungen hat sich Huppenkothen nach alledem, wie das Schwurgericht* [Anm: Augsburg] *zutreffend angenommen hat, der Beihilfe zum Mord schuldig gemacht, gleichgültig, ob er aus eigener Entschließung mitgewirkt hat, und ohne Rücksicht darauf, auf wessen Befehl, falls Huppenkothen nicht aus eigenem Antrieb gehandelt hat, die Tötung der Widerstandskämpfer ohne zuvorige Einholung der Urteilsbestätigungen und in der erwähnten Grauen erregenden Weise zurückzuführen ist.«*

Und:

»*Denn in beiden Fällen waren politischer Feindseligkeit entsprungene Rachsucht und hemmungsloser, unbarmherziger Vernichtungswille die Triebfeder seines Handelns. Die von der Revision in diesem Zusammenhang geltend gemachten Zweifel schwinden vor allem angesichts der abscheulichen Tötungsart (Erhängen in völlig entkleidetem Zustand), die insoweit einen zuverlässigen Rückschluss auf die Beweggründe des Angeklagten Huppenkothen gestattet.«*

Im Ergebnis lässt sich feststellen, dass der Bundesgerichtshof mit diesem Urteil die nationalsozialistische Rechtspraxis als ordnungsgemäß anerkannte und lediglich die Vollstreckung eines nicht rechtskräftigen Urteils für rechtswidrig erachtete. Eine Selbstverständlichkeit, für die Huppenkothen höchstwahrscheinlich auch im Dritten Reich bestraft worden wäre, wenn dazu noch Gelegenheit bestanden hätte. Bestraft hätte man ihn deswegen, weil er durch die Nichteinholung der Urteilsbestätigungen einen Führerbefehl missachtete, es sei denn, ein Tötungsbefehl des Führers hätte von Anfang an vorgelegen. Dies hat sich jedoch nach den Feststellungen aller Gerichte nicht erwiesen. Zwar hat der BGH einerseits gegenüber Huppenkothen seine Verachtung und seine Abscheu über die Hinrichtungen zum Ausdruck gebracht, während andererseits durch die Rechtfertigung des Flossenbürger Standgerichtsverfahrens Solidarität mit einem ehemaligen Richterkollegen erkennbar wurde. Vor der Konsequenz, dass das rechtswidrige Standgerichtsverfahren Voraussetzung für die rechtswidrigen Exekutionen war, hat man die Augen verschlossen. Selbstverständlich konnte man das Flossenbürger Standgerichtsverfahren, zumindest wegen seiner vielen Verfahrensfehler, nicht für rechtswidrig erklären; denn dann hätte man auch zu einer Verurteilung Dr. Thorbecks kommen müssen, was die Richter wohl vermeiden wollten. Offensichtlich konnten sich die BGH-Richter, die schon während des Dritten Reichs in juristischen Diensten standen, nicht des Gedankens erwehren, dass sie unter dem damaligen repressiven politischen Druck auch nicht anders gehandelt hätten als Dr. Thorbeck. Das Gefährliche an dem Urteil war jedoch – und deswegen hätte es so keinesfalls ergehen dürfen –, dass es eine juristische Leitfunktion für die Zukunft ausübte. Die höchsten deutschen Strafrichter hatten die NS-Rechtspraktiken als ordnungsgemäß erklärt und die mutigen Widerstandskämpfer ins Unrecht gesetzt. Wie schon gesagt, erfolgte die gerichtliche Rehabilitation Bonhoeffers erst 40 Jahre später! Damit war die Gelegenheit »vertan«, ein Mahnmal für alle Juristen und ein ehrendes Denkmal für die Widerstandskämpfer zu setzen und vor der Öffentlichkeit zum Ausdruck zu bringen, dass kein Richter, Rechtsanwalt und Staatsanwalt sich von einem politischen Unrechtssystem ungestraft korrumpieren lassen darf.

In seiner Ansprache beim Festakt aus Anlass des 100. Geburtstags von Hans von Dohnanyi am 8. März 2002[105] bezeichnete der Präsident des Bundesgerichtshofes, Prof. Dr. Günther Hirsch, das letztinstanzlich freisprechende

Urteil des Bundesgerichtshofes als »beschämend« und sagte treffend:

»*Für dieses Urteil des Bundesgerichtshofes, an dem im Übrigen ein Richter mitgewirkt hat, der im Dritten Reich Beisitzer eines Sondergerichts und später Oberkriegsgerichtsrat war, muss man sich schämen. Ich sage dies ausdrücklich an Sie gerichtet, die Angehörigen der Familie von Dohnanyi, Bonhoeffer, Goerdeler und der übrigen Opfer der vom Bundesgerichtshof ungesühnt gelassenen Justizmorde.*

Die Folgen dieses Urteils waren verheerend. Kein einziger Richter, kein Staatsanwalt wurde in der Bundesrepublik wegen der 1000-fachen Justizverbrechen im Dritten Reich verurteilt. Nachdem 1968 schließlich auch die Verurteilung des Richters Rehse, der zusammen mit Roland Freisler im Volksgerichtshof an Dutzenden von Todesurteilen gegen Widerstandskämpfer mitgewirkt hatte, aufgehoben wurde, stellten die Staatsanwaltschaften alle Ermittlungen gegen ehemalige Richter ein. Dieses Versagen der Nachkriegsjustiz ist ein dunkles Kapitel in der deutschen Justizgeschichte und wird dies bleiben.«

Dem heutigen Rechtsverständnis und den Vorschriften der Strafprozessordnung entsprechend ist der »Ankläger« in einem Strafverfahren immer ein Staatsanwalt.[106] So mag es auf den ersten Blick widersprüchlich erscheinen, wenn der Präsident des Bundesgerichtshofes in seiner Rede ausführt, es sei in der Nachkriegszeit kein Staatsanwalt verurteilt worden, obwohl doch der BGH eine 6-jährige Haftstrafe gegen Huppenkothen verhängt hatte. Wenn er auch die Funktion des Anklägers in den Standgerichtsverfahren wahrgenommen hatte, so war er dennoch kein Staatsanwalt, sondern Abteilungsleiter im Reichssicherheitshauptamt.

Anmerkungen

1 siehe dazu Eberhard Bethge: Dietrich Bonhoeffer. Eine Biographie, Gütersloher Verlagshaus, S. 42
2 siehe dazu Dietrich Bonhoeffer Werke 11, S. 369–372
3 siehe dazu Dietrich Bonhoeffer: Ethik, S. 346 f.
4 Dietrich Bonhoeffer Werke 14; Aus Finkenwalde, 27.1.36. Zitiert nach: Eberhard Bethge: Dietrich Bonhoeffer. Eine Biographie, Gütersloher Verlagshaus, S. 249
5 Gesammelte Schriften Bd. 2, S. 458
6 siehe dazu Dietrich Bonhoeffer: Nachfolge, Gütersloher Verlagshaus, S. 47 f.
7 Dietrich Bonhoeffer Werke 10, S. 339, S. 337 f.
8 Dietrich Bonhoeffer Werke 12, S. 234
9 siehe dazu Brief v. 25.3.1933 an Bischof George Bell, in: Dietrich Bonhoeffer Werke 15, S. 625
10 siehe dazu Eberhard Bethge: Dietrich Bonhoeffer. Eine Biographie, Gütersloher Verlagshaus, S. 955
11 Karl Barth: Rechtfertigung und Recht
12 siehe dazu: Luthers Tischgespräche: »Wenn die Bürger und Unterthanen die Gewalt eines Tyrannen nicht dulden noch leiden könnten, da er diesem sein Weib, dem andern seine Tochter, dem dritten seine Äcker und Güter mit Gewalt nähme, so möchten sie ihn umbringen wie einen anderen Mörder oder Straßenräuber …« Erlanger Ausgabe Bd. 62, S. 206
13 Eberhard Bethge: Bekennen und Widerstehen. Aufsätze, Reden, Gespräche
14 siehe dazu Dietrich Bonhoeffer: Widerstand und Ergebung, Gütersloher Verlagshaus, S. 10 ff
15 Kirchliches Jahrbuch für die Evangelische Kirche in Deutschland. 1933–1944, S. 460 f.
16 siehe dazu Dietrich Bonhoeffer Werke 16, S. 214 f.
17 siehe Eberhard Bethge: Bonhoeffer. Rowohlts Monographien, S. 88
18 Zit. n. Eberhard Bethge: Bonhoeffer. Rowohlts Monographien, S. 88
19 Urteil im Prozess gegen Huppenkothen vom 15.10.1955, 1 Ks 21/50 (LG München) AK Schw 4/55 (LG Augsburg)
20 siehe dazu Eberhard Bethge: Dietrich Bonhoeffer. Eine Biographie, Gütersloher Verlagshaus, S. 1037
21 »Die Haltung der Hannoverschen Landeskirche im Kirchenkampf und heute« (Denkschrift 1946); zit. n.: Christian Grem-

mels/Heinrich W. Grosse: Dietrich Bonhoeffer. Der Weg in den Widerstand
22 Archivmaterial Bayerischer Rundfunk: Huppenkothen-Prozess
23 Interview mit Dr. Heinz Ponnath vom 4.5.2005
24 Justiz und NS-Verbrechen, Sammlung deutscher Strafurteile wegen nationalsozialistischer Tötungsverbrechen 1945 bis 1966, Band XIII, Lfd. Nr. 420, XI.
25 Neue Presse v. 19.9.1955
26 Justiz und NS-Verbrechen, Sammlung deutscher Strafurteile wegen nationalsozialistischer Tötungsverbrechen 1945 bis 1966, Band XIII, Lfd. Nr. 420, XIII
27 Ebd.
28 Gustav Radbruch: Rechtsphilosophische Besinnung (1945), 2. Auflage, Göttingen 1961, S. 106
29 Henry Picker: Hitlers Tischgespräche im Führerhauptquartier 1941–1942, Hrsg. Percy Ernst Schramm, 1963, S. 223
30 Werner John: Die gleichgeschaltete Justiz; zit. n.: Oberlandesgericht Nürnberg, Beiträge zur Rechtsgeschichte: »Der Dolch des Mörders war unter der Robe des Juristen verborgen«, Der Nürnberger Juristen-Prozess 1947 von Prof. Dr. Klaus Kastner
31 Jörg Friedrich: Die kalte Amnestie, Piper TB, 1994, S.76
32 Norbert Frei: Vergangenheitspolitik, dtv, S. 319
33 Ebd., S. 320
34 Vortrag von Prof. Joachim Perels in Bayreuth, 30.3.2004
35 Archivmaterial Bayerischer Rundfunk: Huppenkothen-Prozess
36 Ebd.
37 Brief von Otto Thorbeck; mit freundlicher Genehmigung der Familie Thorbeck
38 BGH, Urteil vom 19.06.1956, Az.: 1 StR 50/56, Urteilsgründe S.20 f.
39 Urteil des Schwurgerichts Berlin v. 6.12.1968 unter seinem Vorsitzenden, dem Kammergerichtsrat Dr. Oske; nachzulesen bei J. Friedrich, a.a.O., S. 463 ff
40 Brief von Ursula Thorbeck, mit freundlicher Genehmigung der Familie Thorbeck
41 Zit. n.: Norbert Frei: Vergangenheitspolitik, dtv, S. 70
42 Ebd., S. 73
43 siehe dazu Dietrich Bonhoeffer: Nach zehn Jahren. Einige Glaubenssätze über das Walten Gottes in der Geschichte, in: Widerstand und Ergebung, Gütersloher Verlagshaus, S. 18f.
44 Walter Pontzen: Kinder der Täter: Söhne und Töchter und ihre Nazi-Väter, in: Analytische Psychologie, 2002; 33, S. 57–63

45 Ebd.
46 Ebd.
47 S. Rose Ahlheim: Bis ins dritte und vierte Glied. Das Verfolgungstrauma in der Enkelgeneration. 1985, in: Psyche 39, S. 330–353
48 Walter Pontzen: Kinder der Täter: Söhne und Töchter und ihre Nazi-Väter, in: Analytische Psychologie, 2002; 33, S. 57–63
49 Die Wiederentdeckung der Vergebung in der Psychologie, in: www.kath.net, s. auch: Robert D. Enright: Vergebung als Chance. Neuen Mut fürs Leben finden, Verlag Hans Huber
50 siehe dazu Dietrich Bonhoeffer: Nachfolge, Gütersloher Verlagshaus, S. 142 ff.
51 James Hillman: Die erschreckende Liebe zum Krieg, Kösel Verlag, München
52 Christopher R. Browning: Ganz normale Männer. Das Reserve-Polizeibataillon 101 und die »Endlösung« in Polen, rororo. Vgl. dazu: Daniel Jonah Goldhagen: Hitlers willige Vollstrecker, Goldmann
53 Zit. n.: Christopher R. Browning: Ganz normale Männer. Das Reserve-Polizeibataillon 101 und die »Endlösung« in Polen, rororo, S. 218
54 Vgl. ebd., S. 218 f.
55 Justiz und NS-Verbrechen, Sammlung deutscher Strafurteile wegen nationalsozialistischer Tötungsverbrechen 1945 bis 1966, XI
56 Stanley Milgram: Das Milgram-Experiment, rororo
57 Ebd.
58 Eberhard Bethge: Bonhoeffer, rororo, S. 16
59 Eberhard Bethge: Dietrich Bonhoeffer. Eine Biographie, Gütersloher Verlagshaus, S. 38f
60 Stanley Milgram: Das Milgram-Experiment, rororo, S. 207
61 RGBl. S. 1579
62 RGBl. I. S. 264
63 Ludwig Baumann, Vorsitzender der Bundesvereinigung Opfer der NS-Militärjustiz, am 24.04.2002 anlässlich seiner Anhörung im Bundestag
64 Art. 96 Abs. 2 GG: »Der Bund kann Wehrstrafgerichte für die Streitkräfte als Bundesgerichte errichten. Sie können die Strafgerichtsbarkeit nur im Verteidigungsfalle sowie über Angehörige der Streitkräfte ausüben, die in das Ausland entsandt oder an Bord von Kriegsschiffen eingeschifft sind. Das Nähere regelt ein Bundesgesetz. Diese Gerichte gehören zum Geschäftsbereich des Bundesjustizministers. Ihre hauptamtlichen Richter müssen die Befähigung zum Richteramt haben.«

65 Art. 97 Abs. 1 GG: »Die Richter sind unabhängig und nur dem Gesetze unterworfen.«

66 Andre Stuber, »Justiz im 3. Reich«, Abhandlung zur neueren Geschichte, Universität Karlsruhe

67 Art. 20 GG »Rechtsstaatprinzip«:

(1) Die Bundesrepublik Deutschland ist ein demokratischer und sozialer Bundesstaat.

(2) Alle Staatsgewalt geht vom Volke aus. Sie wird vom Volke in Wahlen und Abstimmungen und durch besondere Organe der Gesetzgebung, der vollziehenden Gewalt und der Rechtsprechung ausgeübt.

(3) Die Gesetzgebung ist an die verfassungsmäßige Ordnung, die vollziehende Gewalt und die Rechtsprechung sind an Gesetz und Recht gebunden.

(4) Gegen jeden, der es unternimmt, diese Ordnung zu beseitigen, haben alle Deutschen das Recht zum Widerstand, wenn andere Abhilfe nicht möglich ist.

68 BVerfGE 3, 228; 8, 1982

69 Art 101 Abs. 1 Grundgesetz für die Bundesrepublik Deutschland: »Ausnahmegerichte sind unzulässig. Niemand darf seinem gesetzlichen Richter entzogen werden.«

70 Siehe auch Heinz Grimm in der Zeitschrift »Stern«, Artikel vom 02. März 2005

71 Frithjof Harms Päuser: Die Rehabilitierung von Deserteuren der Deutschen Wehrmacht unter historischen, juristischen und politischen Gesichtspunkten. Inaugural-Dissertation zur Erlangung der Doktorwürde der Fakultät der Sozialwissenschaften der Universität der Bundeswehr München, 2000, Seite 47

72 Reichspropagandaminister Joseph Goebbels nannte 1943 in einem Rundschreiben an alle Oberlandesgerichtspräsidenten und Generalstaatsanwälte die Sondergerichte »Standgerichte der inneren Front«. Das Reichsjustizministerium verstand sie als »das schnellste und schwerste Werkzeug, um Gangsternaturen blitzartig aus der Volksgemeinschaft für immer oder auf Zeit auszumerzen«.

Roland Freisler, Staatssekretär und später Präsident des Volksgerichtshofs, sprach von der Sondergerichtsbarkeit als der »Panzertruppe der Rechtspflege«. Quelle: Frankfurter Rundschau v. 22.8.1990

73 DJ Heft 100;1938, S. 1859 f.

74 Gem. § 49 der Kriegsstrafverfahrensordnung (KStVO) hatten Angeklagte das Recht auf Verteidiger, die sie selbst wählen konnten. Bei strafbaren Handlungen, die mit dem Tod bedroht waren, musste den Angeklagten, sofern sie über keinen

Wahlverteidiger verfügten, ein Verteidiger durch das Gericht bestellt werden.

75 Schweling/Schwinge: Die deutsche Militärjustiz in der Zeit des Nationalsozialismus, 2. Aufl. 1978, Seite 322

76 Joachim Perels: Das juristische Erbe des »Dritten Reiches«, Campus 1999, S. 188.

77 Feststellungen des Landgerichts Augsburg im Strafverfahren gegen Huppenkothen u. Thorbeck (Az. 1 Ks 21/50), gem. Ziff. XIII des Urteils vom 15.10.1955

78 Aussage Huppenkothen im Strafverfahren vor dem LG München l (Az.: 1 Ks 21/50), Urteil vom 15.11.1952, S. 23

79 Aussage Huppenkothen im Strafverfahren vor dem LG München l (Az.: 1 Ks 21/50), Urteil vom 15.11.1952, S. 23

80 Feststellungen des LG Augsburg im Urteil vom 15.10.1955, Az.: 1 Ks 21/50, im Verfahren gegen Huppenkothen und Thorbeck

81 Feststellung des LG Augsburg im Urteil vom 15.10.1955, Az.: 1 Ks 21/50

82 Gem. Ziff. 2 der Verordnung zur Durchführung der Richtlinien des Führers und Obersten Befehlshabers der Wehrmacht vom 7. Dezember 1941 für die Verfolgung von Straftaten gegen das Reich oder die Besatzungsmacht in den besetzten Gebieten hatte die Anklagen durch Staatsanwälte zu erfolgen.

83 Feststellungen des LG Augsburg im Urteil vom 15.10.1955, Az.: 1 Ks 21/50

84 RiAG Dr. Volker Drecktrah, aus: Neue Justiz, Heft 4, 2003

85 NJW 1996, 597

86 StPO § 337:
»(1) Die Revision kann nur darauf gestützt werden, dass das Urteil auf einer Verletzung des Gesetzes beruhe.
(2) Das Gesetz ist verletzt, wenn eine Rechtsnorm nicht oder nicht richtig angewendet worden ist.«

87 § 333 StPO:
»Gegen die Urteile der Strafkammern und der Schwurgerichte sowie gegen die im ersten Rechtszug ergangenen Urteile der Oberlandesgerichte ist Revision zulässig.«

88 StPO § 353:
»(1) Soweit die Revision für begründet erachtet wird, ist das angefochtene Urteil aufzuheben.
(2) Gleichzeitig sind die dem Urteil zu Grunde liegenden Feststellungen aufzuheben, sofern sie durch die Gesetzesverletzung betroffen werden, wegen deren das Urteil aufgehoben wird.«
StPO § 354:

»(1) Erfolgt die Aufhebung des Urteils nur wegen Gesetzesverletzung bei Anwendung des Gesetzes auf die dem Urteil zu Grunde liegenden Feststellungen, so hat das Revisionsgericht in der Sache selbst zu entscheiden, sofern ohne weitere tatsächliche Erörterungen nur auf Freisprechung oder auf Einstellung oder auf eine absolut bestimmte Strafe zu erkennen ist oder das Revisionsgericht in Übereinstimmung mit dem Antrag der Staatsanwaltschaft die gesetzlich niedrigste Strafe oder das Absehen von Strafe für angemessen erachtet.
(2) In anderen Fällen ist die Sache an eine andere Abteilung oder Kammer des Gerichtes, dessen Urteil aufgehoben wird, oder an ein zu demselben Land gehörendes anderes Gericht gleicher Ordnung zurückzuverweisen. In Verfahren, in denen ein Oberlandesgericht im ersten Rechtszug entschieden hat, ist die Sache an einen anderen Senat dieses Gerichts zurückzuverweisen.«

89 Feststellungen des LG Augsburg im Urteil vom 15.10.1955, Az.: 1 Ks 21/50, im Verfahren gegen Huppenkothen und Thorbeck, »Urteilsgründe, I. Bisheriges Verfahren«

90 Feststellungen des LG Augsburg im Urteil vom 15.10.1955, Az.: 1 Ks 21/50

91 Feststellungen des LG Augsburg im Urteil vom 15.10.1955, Az.: 1 Ks 21/50

92 Landgericht Augsburg, Az.: 4/55

93 BGH vom vom 19.06.1956, Az.: 1 StR 50/56

94 Wassermann: Zur juristischen Bewertung des 20. Juli. Der Braunschweiger Remer-Prozeß als Meilenstein der Nachkriegsgeschichte, Recht und Politik, Heft 2, 1984, S. 68 f.

95 Joachim Perels: Das juristische Erbe des »Dritten Reiches«, Campus 1999, S. 190

96 Perels, a.a.O., S. 191

97 Bezugnahme des LG Augsburg im Urteil vom 15.10.1955, Az.: 1 Ks 21/50, auf das BGH-Urteil vom 12.02.1952, in dem diese Begründung erfolgte.

98 NJW 1953, S. 793 f.

99 Verfahren vor dem Schwurgericht bei dem Landgericht München I in der Strafsache gegen Huppenkothen und Dr. Thorbeck, Az.: 1 Ks 21/50

100 Urteilsgründe LG München I vom 05.11.1952, S. 65

101 Urteilsgründe LG München I vom 05.11.1952, S. 67

102 BGH vom 09.11.1954, Az.: 1 StR 350/53

103 BGH, Urteil vom 19.06.1956, Az.: 1 StR 50/56, Urteilsgründe S. 24 f.

104 BGH, Urteil vom 19.06.1956, Az.: 1 StR 50/56, Urteilsgründe S. 29 f.

105 Rede vor geladenem Publikum im Festsaal des Ettlinger Schlosses

106 § 170 Abs. 1 StPO:
»Bieten die Ermittlungen genügenden Anlass zur Erhebung der öffentlichen Klage, so erhebt die Staatsanwaltschaft sie durch Einreichung einer Anklageschrift bei dem zuständigen Gericht.«

Abkürzungsverzeichnis

a. a. O. = am angegebenen Ort
Abs. = Absatz
Anm. = Anmerkung
Az. = Aktenzeichen
BGH = Bundesgerichtshof
BRD = Bundesrepublik Deutschland
DJ = Zeitschrift »Deutsche Justiz« (Jahrg. / S.)
f. = folgende
gem. = gemäß
GG = Grundgesetz für die Bundesrepublik Deutschland
KSSVO = Kriegssonderstrafrechtsordnung
KStVO = Kriegsstrafverfahrensordnung
KZ = Konzentrationslager
LG = Landgericht
MStGB = Militärstrafgesetzbuch
NJW = Neue Juristische Wochenschrift
NS = Nationalsozialistisch(e)
RGBl = Reichsgesetzblatt
RiAG = Richter am Amtsgericht
RSHA = Reichssicherheitshauptamt
S. = Seite
SS = Schutzstaffel, paramilitärische Truppe, 1925–1945
StPO = Strafprozessordnung

Empfehlenswerte Bücher zum Thema (Auswahl)

Bethge, Eberhard: Dietrich Bonhoeffer. Eine Biographie, Gütersloher Verlagshaus

Bethge, Eberhard: Bonhoeffer, Rowohlt Taschenbuch Verlag

Bethge, Eberhard und Renate/Gremels, Christian (Hrsg.): Dietrich Bonhoeffer. Bilder aus seinem Leben, Gütersloher Verlagshaus

Bethge, Renate: Dietrich Bonhoeffer, Eine Skizze seines Lebens, Gütersloher Verlagshaus

Bonhoeffer, Dietrich: Nachfolge, Gütersloher Verlagshaus

Bonhoeffer, Dietrich: Ethik, Gütersloher Verlagshaus

Bonhoeffer, Dietrich: Gemeinsames Leben, Gütersloher Verlagshaus

Bonhoeffer, Dietrich: Widerstand und Ergebung, Gütersloher Verlagshaus

Browning, Christopher R.: Ganz normale Männer, Rowohlt Taschenbuch Verlag

Brunner, Claudia/Seltmann, Uwe von: Schweigen die Täter, reden die Enkel, Edition Büchergilde

Enright Robert D.: Vergebung als Chance. Neuen Mut fürs Leben finden, Verlag Hans Huber

Frei, Norbert: Vergangenheitspolitik. Die Anfänge der Bundesrepublik und die NS-Vergangenheit, dtv

Giordano, Ralph: Die zweite Schuld oder Von der Last, Deutscher zu sein, Kiepenheuer & Witsch

Goldhagen, Daniel Jonah: Hitlers willige Vollstrecker. Ganz gewöhnliche Deutsche und der Holocaust, Goldmann Verlag

Gremmels, Christian/Grosse, Heinrich W.: Dietrich Bonhoeffer. Der Weg in den Widerstand

Hillman, James: Die erschreckende Liebe zum Krieg, Kösel Verlag

Leibholz-Bonhoeffer, Sabine: vergangen, erlebt, überwunden. Schicksale der Familie Bonhoeffer, Gütersloher Verlagshaus

Meyer, Winfried: Unternehmen Sieben. Eine Rettungsaktion für von Holocaust Bedrohte aus dem Amt Ausland / Abwehr im Oberkommando der Wehrmacht, Frankfurt / Main

Milgram, Stanley: Das Milgram-Experiment, Rowohlt Taschenbuch Verlag

Milstein, Werner: Dietrich Bonhoeffer entdecken, Gütersloher Verlagshaus

Müller-Hohagen, Jürgen: verleugnet, verdrängt, verschwiegen. Seelische Nachwirkungen der NS-Zeit und Wege zu ihrer Überwindung, Kösel Verlag

Perels, Joachim: NS-Täter in der deutschen Gesellschaft, Offizin, Hannover

Perels, Joachim: Entsorgung der NS-Herrschaft. Beiträge zur unaufgearbeiteten Vergangenheit, Offizin, Hannover

Welzer, Harald: Täter, Fischer

Welzer, Harald/Moller, Sabine/Tschuggnall, Karoline: Opa war kein Nazi, Fischer TB

Ein Wort zum Schluss

Undank erstickt den Glauben, verstopft den Zugang zu Gott. Nur zu dem einen dankbaren Samariter sagt Jesus: Dein Glaube hat dir geholfen. Den Undankbaren ist trotz der Genesung in Wahrheit nicht geholfen. Es ist die Ursünde der Heiden, dass sie Gott, von dessen Dasein sie wissen, nicht »als Gott gedankt haben«. Wo Gott als Gott erkannt wird, dort will er als Erstes den Dank seiner Geschöpfe. Undankbarkeit beginnt mit dem Vergessen. Aus Vergessen folgt Gleichgültigkeit, aus der Gleichgültigkeit Unzufriedenheit, aus der Unzufriedenheit Verzweiflung, aus der Verzweiflung der Fluch.

Den Dankbaren zeigt Gott den Weg zu seinem Heil. Lass dich fragen, ob dein Herz durch Undank so mürrisch, so träge, so müde, so verzagt geworden ist. Opfere Gott Dank, und »da ist der Weg, dass ich ihm zeige das Heil Gottes«.

Dietrich Bonhoeffer: Von der Dankbarkeit des Christen

Mein besonderer Dank gilt Rechtsanwalt Michael Klüser für seinen justizgeschichtlichen Überblick und für die gründliche Auswertung sämtlicher Unterlagen aus dem Huppenkothen-Prozess. Ohne seinen fachlichen Beistand wäre das Manuskript nicht rechtzeitig fertig geworden.

Bedanken möchte ich mich auch bei Herrn Professor Joachim Perels sowie bei Dr. Heinz Ponnath, dass sie sich die Zeit genommen haben, zahlreiche Fragen geduldig zu beantworten.

Frau Hanna Thorbeck, Herr Uwe und Herr Hartmut Thorbeck haben viel Mühe darauf verwandt, Fotos zu sichten, zu ordnen und Prozessunterlagen und Privatdokumente zusammenzustellen. Dafür möchte ich mich besonders bedanken wie auch dafür, dass die ganze Familie ihr Einverständnis zur Veröffentlichung gegeben hat. Alle haben darüber hinaus in ausführlichen Gesprächen, die angesichts des sensiblen Themas nicht immer ganz einfach für die Betroffenen waren, einen wichtigen Beitrag zu diesem Buch geleistet.

Frau Marlene Fritsch hat als Lektorin des Kreuz Verlages dieses Buch mit viel Geduld und Engagement unterstützt – dafür möchte ich ihr ebenfalls ein herzliches Dankeschön aussprechen.

Bedanken möchte ich mich ferner bei Siegfried Kratzer für seine Anregungen und seine Unterstützung in Form von Interviews und Materialbeschaffung.

Elke Endraß

Bibliografische Information der Deutschen Bibliothek
Die Deutsche Bibliothek verzeichnet diese Publikation in der Deutschen Nationalbibliografie; detaillierte bibliografische Daten sind im Internet über http://dnb.ddb.de abrufbar

Kreuz Verlag, Stuttgart
in der Verlagsgruppe Dornier GmbH
Postfach 80 06 69, 70506 Stuttgart

www.kreuzverlag.de
www.verlagsgruppe-dornier.de

Umschlaggestaltung: Bergmoser + Höller Agentur, Aachen
Umschlagbild: © picture-alliance/akg-images
Fotos im Innenteil: © Mit freundlicher Genehmigung der Familie Thorbeck
Satz: de·te·pe, Aalen
Druck: Clausen & Bosse, Leck

ISBN 3-7831-2745-9
ISBN 978-3-7831-2745-4